KB113834

누구나
한번쯤
읽어야 할
목민심서

삶을 일깨우는 고전산책 시리즈 01

누구나 한번쯤 읽어야 할 목민심서

미리내공방 편저

읽으면 힘을 얻고
깨달음을 주는 지혜의 고전

정민
미디어

머리말

《목민심서牧民心書》는 조선 정조와 순조 때의 실학자인 다산 정약용이 오랜 시간에 걸쳐 심혈을 기울여 지은 치민治民의 지침서다.

그의 나이 57세 때 지은 이 책은 지방의 행정 책임자들이 백성들을 다스리는 데 지침으로 삼을 만한 내용들로 엮여 있다. 예나 지금이나 한 고을을 맡아서 백성들을 다스리는 일은 중앙의 어느 관직보다도 중요하다. 그래서 지방 행정을 맡은 관리자들에게는 여러 가지 자질이 골고루 갖추어져 있어야 한다. 또한 행정의 실무에 있어서도 해박한 지식과 풍부한 경험이 필요하다. 이런 점에서 그가 이 책에서 언급한 내용들은 지방 행정 책임자들에게 있어서 대단히 중요하며 여기에 실린 덕목들을 잘 헤아려 실천했다면 틀림없이 선정丨菩政을 행할 수 있었을 것이다.

　이 책을 제대로 이해하려면 제목인 '목민심서'의 의미부터 알아야 한다. '목민丨牧民'이란 백성을 기른다는 뜻이다. 따라서 '목민관丨牧民官'이란 백성을 가장 가까이에서 다스리는 '지방 고을의 원丨員이나 수령'을 뜻한다. 요즘으로 치면 군수나 시장급의 관료들을 일컫는 말이다. 본서에서도 수령이나 원이라는 호칭보다는 목민관이라는 호칭을 많이 사용했다. '심서丨心書'란 말 그대로 '마음을 다스리는 글'이라는 뜻이다. 다산은 직접 쓴 자서丨自序에서 '목민할 마음만 있을 뿐丨유배된 몸이라 몸소 실행할 수 없다'는 뜻에서 붙여진 이름임을 밝히고 있다.

　《목민심서》는 우리나라는 물론 중국의 여러 책에서 목민관들이 본받아야 할 사항을 추려서 모두 12장으로 나누어 싣고 있다. 그 조목은 다음과 같다.

제1장 부임6조丨赴任六條 / 관직에 처음 부임하면서 지켜야 할 사항들

제2장 율기6조丨律己六條 / 관리들이 지녀야 할 마음 자세들

제3장 봉공6조丨奉公六條 / 일을 처리할 때 관리들이 명심해야 할 사항들

제4장 애민6조丨愛民六條 / 백성을 섬기는 관리의 자세들

제5장 이전6조丨吏典六條 / 부하를 다스릴 때 필요한 사항들

제6장 호전6조丨戶典六條 / 농촌의 현실에 맞는 세금 징수 방법들

제7장 예전6조丨禮典六條 / 예절과 교육에 관하여 알아야 할 사항들

한편 이 12장은 다시 각 장마다 6조로 나뉘어져 모두 72조로 구성되어 있다. 《목민심서》가 세상에 나온 지 오랜 세월이 흘렀지만 여전히 우리에게 많은 것을 가르쳐 주고 있다. 관리들에게는 좋은 지침서가 되고 일반인들에게는 생활의 교훈서가 되고 있기 때문이다. 특히 청소년뿐만 아니라 맑은 마음으로 생활하고자 하는 모든 이에게 인생 지침서로서 이 책의 일독을 권한다.

미리내공방

자서

옛날 중국의 순舜 임금은 요堯 임금의 뒤를 이어 12목[1]을 두어 그들로 하여금 백성을 다스리게 했고, 주周 나라 문왕文王이 정치를 할 때는 사목司牧: 지방 장관을 세워 수령으로 삼았으며, 맹자孟子는 평육平陸에 가서 가축 사육하는 것을 백성 다스리는 데 비유했다. 이로 미루어 보면 백성 다스리는 것을 목牧이라 하는 것은 성현이 남긴 뜻이다.

성현의 가르침에는 원래 두 가지 길이 있다. 하나는 사도司徒[2]가 백성들을 가르쳐 각각 수신修身하도록 하는 것이고 또 하나는 태학大學에서 국자國子: 공경대부의 자제를 가르쳐 각각 몸을 닦고 백성을 다

---

1 중국 12주(州)의 제후(諸侯) 즉, 지방장관. 당시에는 전국을 12주로 나누고 주마다 제후를 두었다.
2 지관대사도(地官大司徒)라고도 하며, 주(周)나라에서 예교(禮敎)로써 백성을 교화하는 일을 맡았다.

스리도록 하는 것이니 백성을 다스리는 것이 바로 목민인 것이다. 그렇다면 군자의 학문은 수신이 그 반이요, 반은 백성을 다스리는 것이다.

성인의 시대가 이미 오래되었고 성인의 말도 없어져서 그 도道가 점점 어두워졌다. 요즈음의 지방 장관이란 자들은 이익을 추구하는 데만 급급하고 어떻게 백성을 다스려야 할 것인지 모르고 있다. 이때문에 백성들은 곤궁하고 피폐하여 서로 떠돌다가 굶어 죽은 시체가 구렁텅이에 가득한데도 장관이 된 자들은 좋은 옷과 맛있는 음식으로 자기들만 살찌우고 있으니 어찌 슬픈 일이 아니겠는가!

나의 아버지께서는 성조聖祖의 인정을 받아 연천 현감漣川縣監·화순 현감和順縣監·예천 군수醴泉郡守·울산 도호 부사蔚山都護府使·진주 목사晉州牧使를 지냈는데, 모두 치적이 있었다. 비록 나는 불초하지만 그때 따라다니면서 보고 배워서 다소 듣고 깨달은 바가 있었으며 뒤에 수령이 되어 이를 시험해 보아서 다소 경험도 있었다. 그러나 뒤에 떠도는 몸이 되어서는 이를 쓸 곳이 없게 되었다.

먼 곳에서 18년 동안 귀양살이[3]를 하면서 사서와 오경을 반복 연구하여 자신을 수양하는 학문을 익혔으나 이는 학문의 반에 지나지 않는 것이다. 다시 백성을 다스리는 것이 학문의 반이라 하여 중국의 23사史와 우리나라 역사 및 문집 등 여러 서적을 가져다가 옛날

---

3 정약용이 순조 1년(1801) 황사영 백서사건(黃嗣永帛書事件)으로 강진(康津)에 유배되어 순조 18년 (1818)까지 18년 동안 귀양살이했는데 그곳에서 그는 경서(經書) 연구에 전념하는 한편 많은 저서를 남겼다.

지방 장관이 백성을 다스린 일화를 골라내 세밀히 고찰하여 이를 분류한 다음 편집했다.

남쪽 시골은 전답의 조세가 나오는 곳이라 간악하고 교활한 아전들이 농간을 부려 그에 따른 여러 가지 폐단이 어지럽게 일어났는데, 내 처지가 비천하므로 들은 것이 매우 상세했다. 이것 또한 그대로 분류하여 대강 기록하고 나의 천박한 소견을 붙였다.

모두 12편으로 되었는데 1편은 부임赴任, 2편은 율기律己, 3편은 봉공奉公, 4편은 애민愛民이요, 그다음은 차례대로 육전六典[4]이 있고, 11편은 진황賑荒, 12편은 해관解官이다. 12편이 각각 6조條씩 나뉘었으니 모두 72조가 된다. 혹 몇 조를 합하여 한 권을 만들기도 하고, 한 조를 나누어 몇 권을 만들기도 하여 통틀어 48권으로 한 부部가 되었다. 비록 시대에 따르고 풍습에 순응하여 위로 선왕先王의 법도에 부합되지는 못했지만 백성을 다스리는 일에 있어서는 조례條例가 갖추어졌다.

고려 말기에 비로소 오사五事로써 수령들을 고과考課했고, 조선에서도 그대로 하다가 뒤에 칠사七事로 늘렸는데 이를테면 수령이 해야 할 일의 대강만을 들었을 뿐이다. 그러나 수령이라는 직책은 관장하지 않는 일이 없으니 여러 조목을 열거하여도 직책을 다하지 못할까 두려울 뿐이다. 사정이 이러한데 하물며 스스로 고찰하여 스스로 시행하기를 기대할 수 있겠는가!

---

4 육조(六曹)의 집무 규정. 즉 이전(吏典)·호전(戶典)·예전(禮典)·병전(兵典)·형전(刑典)·공전(工典)

이 책은 첫머리의 부임赴任과 맨 끝의 해관解官 2편을 제외한 나머지 10편에 들어 있는 것만 해도 60조나 되니 진실로 어진 수령이 제 직분을 다할 것을 생각한다면 아마도 그 방법에 어둡지 않을 것이다.

옛날 부염傅琰은 《이현보理縣譜》를 지었고, 유이劉彝는 《법범法範》을 지었으며, 왕소王素에게는 《독단獨斷》이 있고, 장영張詠에게는 《계민집戒民集》이 있으며, 진덕수眞德秀는 《정경政經》을, 호태초胡太初는 《서언緖言》을, 정한봉鄭漢奉은 《환택편宦澤篇》을 지었으니 모두 이른바 목민에 관한 서적인 것이다.

이제 그런 서적들은 거의 전해 오지 않고 음란한 말과 기괴한 글귀만이 일세를 횡행하니, 내 책인들 어찌 전해질 수 있겠는가! 그러나 《주역周易》에 이르기를 '옛사람의 말이나 행실을 많이 알아서 자기의 덕을 기른다'고 했으니 이는 본디 내 덕을 기르기 위한 것이지 어찌 백성을 다스리기 위해서만이겠는가!

'심서心書'라고 한 것은 무슨 까닭인가? 백성을 다스릴 마음은 있으나 몸소 실행할 수 없기 때문에 이렇게 이름 붙인 것이다.

당저 21년인 신사년1821 늦봄에
열수 정약용丁若鏞은 서한다

차례

1

赴任六條

——

부임6조

🔲

관직에 처음 부임하면서 지켜야 할 사항들

벼슬에 나아갈 때와 물러설 때

타관가구 목민지관 불가구야
他官可求나 牧民之官은 不可求也니라.

다른 벼슬은 다 욕심을 부려 구해도 좋지만,
목민관만큼은 욕심내어 구할 것이 못 된다.

― 제배 除拜

맹자의 제자였던 진자陳子는 맹자에게 물었다.

"옛날 군자는 어느 경우에 벼슬을 할 수 있었습니까?"

그러자 맹자가 대답했다.

"군자는 벼슬하러 나아가는 경우가 세 가지 있고, 벼슬에서 물러
나는 경우도 세 가지가 있었다."

맹자는 그 각각의 경우에 대해 말해주었다.

"첫째, 임금을 맞이할 때, 경의를 표하고 예를 갖추어 장차 임금의

분부대로 행하겠다고 말하면 벼슬을 한다. 그러나 나중에 가서 임금에 대한 예는 달라지지 않았지만 지시대로 행하지 않으면 벼슬에서 물러난다. 둘째, 임금의 명을 받아들여 행하겠다고 하지는 않지만, 임금 맞이함에 있어 경의를 표하고 예를 갖추면 나아가 벼슬을 한다. 그러다가 나중에 임금에 대한 예가 달라지면 벼슬에서 물러난다. 셋째, 아침도 먹지 못하고 저녁도 먹지 못해 굶주려 문밖에도 나서지 못하는 것을 임금이 듣고 '나는 크게는 그의 도道를 행하지 못하고, 그의 건의를 받아들일 수도 없다. 그러나 내 땅에서 그를 굶어 죽게 하는 것은 나의 수치다'라고 하며 먹여 살려 준다면 벼슬에 나아간다. 그러나 이 경우에는 죽음을 면하는 정도에서 그쳐야 한다."

'목민관'이란 백성을 다스려 기르는 관리라는 뜻으로 고을의 원이나 수령 등의 외직 문관을 통틀어 이르는 말이다. 지금으로 따지면, 군수나 시장급의 관료들을 일컫는다. 다산 선생은 관직을 수행하는 일은 매우 어렵고도 중요한 일이라고 인식했다. 목민관은 비록 제후들보다 낮은 관직이기는 하나 제후보다도 그 임무가 백배나 더하다고 했다. 그러니 어찌 함부로 그 관직에 욕심을 내겠느냐는 말이다. 목민관은 비록 덕망을 갖추었다고 하더라도 위엄이 없으면 하기 어렵고, 하고 싶은 뜻이 있다 하더라도 명철하지 못하면 수행하지 못하는 관직이다. 만약 능력 없는 자가 목민관이 되면 백성들은 곧바로 그 해를 입게 되어 가난하고 고통스런 삶을 살 수밖에 없게 될 것이다. 그뿐 아니라 백성들의 원망과 원혼들의 저주를 받아 그 재앙이 자손들에게까지 미칠 것이므로 절대 욕심을 부려서는 안 되는 자리라고 강조했다.

'제배'란 천거에 의하지 않고 임금이 직접 벼슬을 내리던 일을 말하며, 제수除授라고도 한다.

빗물이 새는 초가에 살았던 정승

    고려 말을 거쳐 조선 초기 세종 때 관직을 지낸 유관이라는 사람이 있었다. 그의 관직은 정승이었지만 그 신분과는 달리 매우 검소했다. 그는 평생을 학문에만 정진하여 경사에 밝고 시문에 능한 인물이기도 했다. 그러나 생활은 거의 신경을 쓰지 않아 울타리도 없는 오두막에서 살았다. 이처럼 청렴한 생활상은 임금도 잘 알고 있었다.

    어느 날, 임금이 신하들이 모인 자리에서 말했다.

    "남의 이목도 있고 하니 유 정승 집에 울타리라도 쳐주는 게 어떻겠소?"

    그러자 모든 신하들은 임금의 말을 받드는 말을 한 차례씩 올렸다.

"전하의 뜻을 받들어 그렇게 하도록 지시하겠습니다. 다만 유관의 성품으로 보아 집에 울타리를 치는 일도 마다할 것이 분명합니다. 그러니 밤에 몰래 작업을 해야 할 것으로 사료됩니다."

"그 말도 일리가 있소. 좌우간 무슨 방법을 쓰든지 유 정승의 심기가 불편하지 않도록 조심스럽게 일을 행하시오."

그렇게 해서 신하들은 유관의 식구들이 모두 잠든 후에 쥐도 새도 모르게 조용히 울타리를 쳐주었다. 이튿날 유관도 이 사실을 알았지만 임금의 명이었다는 것을 알고는 차마 어명을 거역할 수 없어 울타리를 거둬내지는 않았다. 그런데 그 일이 있고 난 뒤, 다른 문제가 발생했다. 여름이 되어 본격적으로 장마철이 되자 연일 장대비가 내렸다. 그러다 보니 허술한 유관의 초가집 지붕에 이상이 생겼던 것이다. 하루 이틀도 아니고 근 일주일 이상 폭우가 쏟아지자 낡고 오래된 유관의 집 천장이 이를 감당해낼 리가 없었다. 마침내 천장에 고인 물이 방바닥으로 떨어지기 시작하더니 아예 줄줄 빗물이 새어 방을 흥건하게 적셔 그냥 앉아 있기도 힘든 지경이 되었다. 그래서 유관은 궁여지책으로 비를 피하기 위해 벽에 걸려 있던 삿갓을 머리에 썼다. 그리고 옆에 있는 부인의 머리에도 삿갓 하나를 얹어 주며 이렇게 말했다.

"부인, 우리는 그래도 행복한 사람들이오. 삿갓조차 없는 사람들은 이 장마철을 어떻게 지내겠소?"

유관은 황희, 허조 등과 함께 세종대의 대표적인 청백리로 꼽힌다.

‘치장’이란 목민관으로 발령을 받아 부임지로 떠날 때의 행장을 뜻한다. 이때는 벼슬을 얻었다고 해서 기분에 들떠 호사스럽게 꾸밀 것이 아니라 검소하게 해야 한다고 강조하고 있다. 옷이나 말, 안장 등은 예전에 쓰던 것을 그대로 사용해야 하며, 데리고 가는 사람도 수를 적게 하라고 이른다. 청렴한 선비는 그저 이부자리나 속옷, 책 등을 챙겨 수레 하나에 담아 길을 떠날 뿐이다.

治裝에는 其衣服鞍馬는
　치　장　　　　기　의　복　안　마

竝因其舊하고 不可新也라
　병　인　기　구　　　불　가　신　야

牧民心書 ── 赴任六條

행장을 꾸릴 때, 의복과 말은 모두 헌것을
그대로 쓰고 새로 마련해서는 안 된다.
─ 치장 治裝

아들은 가마 타고, 아버지는 종종걸음

금 침 포 견 지 외 　 능 재 서 일 거 　 청 사 지 장 야
衾枕袍繭之外에 能載書一車면 淸士之裝也라.

이부자리와 솜옷 외에 책을 한 수레 싣고 간다면
청렴한 선비의 행장이라 할 수 있다.

- 치장 治裝

조선 중기 때 우의정과 좌의정을 거쳐 1544년에 영의정에 올랐던 문신 홍언필은 검소한 생활로 백성들에게 모범을 보였다. 하루는 홍언필의 회갑이 다가오자 자식들이 모여 의논을 한 끝에 큰 잔치를 벌이기로 했다. 얼마 뒤에 이 소식을 들은 홍언필은 자식들을 엄하게 꾸짖었다.

"나는 지금 높은 벼슬에 올라 있는 것도 매우 외람되게 생각하고 있어 항상 말과 행동을 조심하고 있는데, 너희들은 그런 내 뜻을 알지 못하고 기생을 부르고 풍악을 울리며 잔치를 하려고 하다니 도

대체 제정신들이냐?"

아버지의 서슬 퍼런 호령에 자식들은 결국 회갑연을 열지 못했다. 이처럼 홍언필은 몸소 검소한 생활을 실천했기에 그의 아들이나 사위들은 감히 사치스러운 생활을 할 수가 없었다. 특히 홍언필의 아들 홍섬은 영의정을 세 번씩이나 지낸 명재상이었다.

홍섬이 판서로 있을 때의 일이다. 한번은 홍섬의 어머니가 아들이 호사스런 가마를 타고 행차하는 모습을 보고 매우 자랑스럽게 여기고는 그 사실을 홍언필에게 자랑했다.

"우리가 그래도 자식은 의젓하게 키웠지요?"

부인에게 내용을 전해 들은 홍언필은 불같이 노하면서 곧바로 아들을 집으로 불러들였다.

"아직도 내 뜻을 헤아리지 못했구나. 판서라면 백성들에게 모범을 보여야 할 위치이거늘 사치스러운 모습을 보여 주다니……. 그것이 결국 네 인덕을 짓밟는 일이라는 사실을 왜 모른단 말이냐!"

서릿발 같은 훈계를 마친 홍언필은 아들이 탔던 가마를 다시 갖고 오라고 하여 아들을 가마에 오르게 했다. 그런 다음 가마를 마당에서 계속 돌게 하고 자신은 그 뒤를 쫓아 종종걸음으로 수없이 맴돌았다. 홍섬은 너무 무안하여 그 후로 다시는 화려한 가마에 오르지 않았다고 한다.

망두석으로 잡은 범인

시 일   유 민 소 지 장   기 제 비 의 간
是日에 有民訴之狀이거든 其題批宜簡이니라.

이날 백성들의 소장(訴狀)이 들어오면
마땅히 판결은 간결하게 해야 한다.

— 이사 莅事

여러 마을을 다니며 비단을 파는 장수가 있었다. 어느 날 그 비단 장수는 산을 넘다가 고단해서 망두석 무덤 앞의 양쪽에 세우는 한 쌍의 돌기둥 이 있는 양지바른 곳에 비단 짐을 풀어놓고 잠시 낮잠을 잤다. 그런 데 한참 자고 일어나 보니 망두석 옆에 놓아두었던 비단 짐이 보이 지 않았다. 누가 훔쳐 간 것이었다. 비단을 팔아 근근이 살아가는 장 수의 눈앞은 캄캄해졌다.

그는 잃어버린 짐을 찾기 위해 여기저기 애쓰다가 고을의 사또를 찾았다. 사또는 사정을 다 들은 뒤 그에게 물었다.

"아무도 본 사람이 없단 말이냐?"

"예, 그렇습니다."

"무엇이라도 봤겠지. 한번 잘 생각해 보아라."

사또가 자꾸 다그쳐 묻자 장수는 얼버무리며 대답했다.

"정말 본 사람이 없습니다. 망두석이 봤으면 모를까……."

사또가 그의 말꼬리를 놓치지 않고 다시 캐물었다.

"뭐라고? 지금 망두석이 봤다고 했느냐?"

"예, 그렇습니다만."

"여봐라. 그 망두석이 범인을 봤을 테니 속히 망두석을 잡아들여라."

사또가 명령을 내리자 포졸들은 망두석을 잡으러 우르르 몰려갔
다. 하지만 망두석을 잡으러 가면서도 포졸들은 저마다 속으로 웃
음을 참느라고 얼굴이 벌겋게 달아올랐다.

"하하하! 망두석이 뭘 봤다고 저러시는지 원 참. 사또가 잠시 실
성을 하신 모양이군."

어찌 되었든 명에 따라 포졸들은 망두석을 묶어다가 동헌 뜰에
엎어 놓았다. 그러자 사또는 망두석을 향해 심문하기 시작했다.

"망두석은 듣거라! 비단 장수가 비단을 옆에 두고 자다가 비단을
잃어버렸다고 하는데 네가 범인을 보았을 테니 본 대로 바로 고하
거라."

하지만 망두석이 어디 말을 할 수가 있겠는가! 아무 말이 없자 사

또는 더욱 크게 소리쳤다.

"저놈의 볼기를 매우 쳐라!"

"예, 볼기를 치라니요? 돌멩이에다 볼기를 친들 무슨 소용이 있습니까?"

포졸들이 웃으면서 대꾸하자 사또는 노발대발하며 호령했다.

"볼기를 치라면 칠 것이지 무슨 말이 많은가? 어서 시행하라!"

포졸들은 할 수 없이 곤장을 들어 망두석을 내리쳤다. 그러나 볼기를 칠수록 애꿎은 곤장만 부러질 뿐 아무런 일도 일어나지 않았다. 이 희한한 광경을 지켜보던 구경꾼들은 폭소를 터뜨렸다. 포졸들과 아전들도 모두 웃음을 참으며 주책없는 사또 꼴 좀 보라는 듯이 수군거렸다. 그러자 사또는 얼굴을 붉히며 소리쳤다.

"웃는 자들을 모조리 잡아 가두어라. 사또가 정사를 다스리는데 무엄하게 조소하고 저리도 소란을 피우다니. 저들을 곤장으로 다스려야 하니 가두어 두어라!"

이러한 명이 떨어지자 관청 안에서는 일대 법석이 났다. 허둥지둥 도망가는 사람도 있었고, 미처 달아나지 못한 30여 명은 포졸들에게 허리춤을 잡혀 옥에 갇혔다. 그런 다음 사또는 옥에 갇힌 사람들에게 이렇게 전했다.

"너희들은 사또인 내가 법으로 죄를 다스리는데 웃고 떠들며 소란을 피웠으니, 그 죄로 비단 한 필씩 가져오너라. 그러면 곤장을 치지 않고 놓아줄 것이다."

그러자 옥에 갇힌 자들은 속히 나갈 욕심에 가족들을 시켜 비단 한 필씩을 가져오게 했다. 가족들도 법을 따지기 전에 우선 사람부터 꺼내 놓고 보아야 할 상황이었으므로 서둘러 비단 한 필씩을 가지고 왔다. 그리하여 관청 안에는 비단이 쌓이게 되었다. 사또는 비단 장수에게 장수의 것이 여기에 있는지 찾아보라고 했다. 그러자 그는 눈을 동그랗게 뜨며 말했다.

"이것도 제 것이고, 저것도 제 것입니다."

장수는 비단 여러 필을 들어 보이며 사또에게 연신 머리를 꾸벅였다. 사또는 즉시 그 비단을 내놓은 자들을 모두 불러들였다.

"이 비단을 어디서 샀는가?"

사또의 물음에 사람들은 산 곳과 판 사람에 대하여 고했다.

"지금 포졸들과 함께 비단을 산 곳으로 가서 판 자를 잡아들여라."

그리하여 인근 마을로부터 비단을 훔쳐 간 범인이 잡혀 오게 됐다. 사또가 그자를 엎어놓고 곤장을 몇 대 치자 이내 범행 사실을 술술 털어놓았다.

"제가 망두석 옆을 지나가다가 순간적으로 욕심이 생겨서 가져갔습니다. 죽을죄를 지었습니다."

범인은 순순히 자백을 했고 진심으로 뉘우친다는 점이 참작되어 곤장 열 대를 더 맞은 뒤 비단 판 돈을 실제 주인에게 모두 돌려주고 풀려났다. 물론 훔쳤던 비단도 돌려주었다. 애꿎은 망두석의 볼

기에 곤장을 칠 때 웃던 사람들은 사또의 지혜에 감복하여 너나없
이 머리를 조아렸다.

2

律己六條

―――――

율기6조

牧民心書

관리들이 지녀야 할 마음 자세들

마음을 맑게 하라

염 자   목 지 본 무   만 선 지 원   제 덕 지 근
廉者는 牧之本務이며 萬善之源이며 諸德之根이니라.

불 염 이 능 목 자   미 지 유 야
不廉而能牧者는 未之有也니라

청렴은 목민관의 기본 임무이고, 모든 선의 근원이며 모든 덕의 근본이다.
청렴하지 않은 마음으로 목민관 노릇을 할 수 있는 자는 아무도 없다.

— 청심 淸心

'청심淸心'이란 말 그대로 마음을 맑고 깨끗하게 하는 것이다. 고을을 다스리는 목민관이 청렴하지 않으면 온갖 비리가 생겨나고 그 비리로 인해 기강이 해이해져 백성들은 도탄과 무질서에 빠질 수밖에 없다.

다산은 "청렴이란 목민관의 기본 의무이자 모든 선善의 원천이요, 모든 덕의 근본이다. 청렴하지 않고 목민관을 할 수 있는 자는 없다"고 했다. 게다가 우리나라에 청백리淸白吏로 뽑히는 관리

의 수가 매우 적은 것에 대해 다음과 같은 글을 통해 개탄을 금치 못했다.

'우리 조선에 청백리라 불리는 자가 모두 110명인데 태조 이후 45명, 중종 이후 37명, 인조 이후에 28명이라. 경종 이후로는 청백리의 자취가 완전히 감추어졌고, 나라는 더욱 궁핍해졌으며 백성은 더욱 가난해졌으니 이 어찌 안타까운 일이 아닌가! 지난 400여 년 동안 벼슬에 앉은 자가 수천수만 명일진대, 그중에 청백리로 꼽히는 자가 겨우 100여 명에 그쳤으니 참으로 사대부의 수치가 아니고 무엇인가!

비록 재물을 얻은 것을 마음에 두었다 하더라도 마땅히 청렴한 관리가 되어야 하는 이유는, 지체와 문벌이 화려하고 재주와 명망이 가득한 사람도 돈 수백 꾸러미 때문에 모함에 빠져 관직을 잃고 유배를 떠나 10년이 지나도록 관직에 다시 복귀하지 못하는 일이 허다하기 때문이라. 비록 세력이 높고 상황이 유리하여 형벌을 면할지라도 여론은 그 비루함에 비난을 퍼부을 것이요, 청아한 명망은 되찾을 수 없으리라.'

다산은 관리가 청백하지 않은 것을 가장 큰 수치라고 여겼다. 아무리 낮은 자리라도 관직에 앉은 자가 청렴하지 않으면 아무리 그 관직이 높은 세력을 등에 업었을지라도 백성들로부터 받는 질타와 욕은 피해 갈 수 없다고 덧붙였다.

이처럼 예나 지금이나 '청렴'이라는 덕목은 관리가 생명처럼 귀하게 여기고 지켜야 할 요소이다.

금덩이를 돌려준 선비

고 자고이래 범지심지사
故로 自古以來로 凡智深之士는

무 불 이 염 위 훈 이 탐 위 계
無不以廉爲訓 以貪爲戒 하니라

그러므로 옛날부터 지혜가 깊은 선비는 청렴을 교훈으로 삼고
탐욕을 경계하지 않은 사람이 없었다.

— 청심 淸心

학식은 높으나 벼슬에 나아가지 않고, 산에서 나무를 하며 생계를 이어가는 선비가 있었다. 그러다 보니 산에서 장으로 오가는 시간이 적잖이 걸렸고, 당나귀 한 마리를 사 시간을 줄여 공부에 열중해야겠다고 생각했다. 선비의 제자들도 스승이 당나귀를 샀으니 자신들을 가르칠 시간이 더 많아질 것이라며 기뻐했다.

"스승님, 이제부터 당나귀의 몸을 씻기는 일은 저희들이 맡겠습니다."

그러고는 물가로 당나귀를 끌고 가 씻겼다. 그런데 갑자기 당나귀가 재채기를 하더니 주먹만 한 금덩어리 하나를 내뱉는 것이었다. 제자들은 재빨리 그 금덩이를 스승에게 보여주었다.

"당나귀를 씻기다가 이게 나왔습니다. 이제부터 스승님께서는 나무 파는 일을 하지 않으셔도 될 것 같습니다."

제자들은 환하게 웃으며 기뻐했지만 스승의 얼굴은 그렇지 않았다. 선비는 금덩이를 들고 곧장 장으로 달려갔고 얼마 지나지 않아 빈손으로 돌아왔다. 한 제자가 의아해하며 물었다.

"금덩이를 장에 내다 파셨나요?"

"아니다. 그 금덩이는 본래 내 것이 아니기에 주인에게 돌려주고 오는 길이다."

"스승님께서는 정당하게 돈을 지불하고 당나귀를 사셨고, 그 당나귀 입에서 금덩이가 나왔으니 당연히 금덩이도 스승님 것이 아니겠습니까?"

그러자 선비는 빙긋이 웃으며 제자에게 말했다.

"나는 당나귀를 산 일은 있어도 금덩어리를 산 일은 없구나."

생선 한 마리도 뇌물

貨賂之行을 誰不秘密이리요마는
中夜所行도 朝已昌矣니라.

뇌물 주고받는 것을 누군들 비밀리에 하지 않겠는가만,
반드시 밤중에 한 일은 아침이면 드러난다.
- 청심 淸心

중국 춘추 시대 송나라의 자한은 청렴하기로 소문났다. 어느 날,
한 사람이 자한에게 찾아왔다.

"지난번 선생님께 큰 은혜를 입었는데, 그 보답으로 제가 평소 아
주 보물로써 귀히 여기는 것을 드리고자 가져왔으니 받아주십시오."

그는 보석 하나를 내보이며 진지하고도 정중하게 말했다. 그러나
자한은 그의 진지함이 무색할 정도로 담담한 표정을 지으며 고개를
저었다. 그가 재차 보석을 받아달라고 간청했음에도 자한은 여전히

무표정이었고, 결국 입을 열었다.

"그대의 마음은 잘 알겠으나 그 보석을 받을 수 없소. 나는 청렴한 마음을 보물로 여기오. 그대가 말하기를, 그 보석은 그대 스스로가 보물이라고 여겨 왔다고 하지 않았소? 그러니 우리 둘 다 보석을 잃지 않으려면 어떻게 해야 되겠소?"

자한의 말을 듣고 곰곰이 생각하던 사람은 그제야 발길을 돌렸다.

전국 시대 때 자산이라는 사람도 청렴하기가 이를 데 없었는데, 대부 자리에 있었기 때문에 이따금 그에게 찾아와 벼슬자리를 부탁하는 사람들이 있었다. 하지만 그는 그때마다 그들을 따끔히 혼을 내거나 타일러 돌려보냈다. 하루는 자산의 집으로 점잖은 사내 하나가 찾아왔다. 집에 찾아온 손님이니 자산은 그를 정중히 맞이했다.

"며칠 전에 제가 생선 한 마리를 댁으로 보낸 일이 있었는데 기억이 나시는지요? 오늘은 그때 일에 대한 대부님의 뜻을 알고자 찾아왔습니다."

사내의 말에 자산은 잠시 생각하다가 그때 기억이 떠오른 듯 고개를 끄덕였다.

"그때 제가 보내드린 생선을 왜 다시 돌려보내셨습니까?"

자산은 대답했다.

"그 생선을 받으면 내 마음이 편치 않을 것 같아 돌려보냈소."

"대부께서는 생선 요리를 싫어하십니까?"

"싫어하다니요. 제가 음식 중에서 제일 좋아하는 게 생선 요리라오."

"그렇다면 제가 보내드린 생선을 되돌려 보내신 까닭이 무엇이었는지 점점 알 수가 없어지는군요."

사내는 이상하다는 듯 고개를 갸우뚱거렸다. 그러자 자산이 입가에 미소를 지으며 말했다.

"오해하지 마십시오. 단지 그 생선을 받게 되면 음식을 먹지 못할 것 같아 돌려보낸 것이었소."

"더욱 알 수 없는 말씀만 하시는군요."

"만약 그때 생선을 받았다면 지금까지도 양심에 걸려 아무 음식도 먹지 못하고 있을 것이오."

"아니, 그까짓 생선 한 마리 때문에 양심에 걸리다니요?"

"마음이 편치 않으면 아무리 맛있는 음식을 먹어도 소화가 안 되오. 더구나 그 생선을 받은 것이 잘못되어 제가 벼슬자리에서 물러나게 된다면 얼마나 불행한 일이겠소? 하지만 그때 그 생선을 받지 않았기에 지금도 마음 편히 맛있는 음식을 먹을 수 있고 또한 아직 벼슬자리에 머물러 있는 것입니다."

사내는 골똘히 무언가를 생각하다가 마침내 뭔가 알겠다는 듯이 조금 큰 소리로 말했다.

"아, 대부께서는 제가 보내드린 생선 한 마리를 뇌물로 여기셨군요?"

자산은 그의 질문에 설명을 덧붙였다.

"예부터 이런 말이 있소. '남의 오이 밭에 들어갔을 때는 신발 끈을 고쳐 매지 말고, 남의 자두나무 밭에 들어갔을 때는 갓끈을 고쳐 매지 말라.' 그래서 보내 주신 생선이 먹음직스럽게는 생겼지만 그 같은 오해를 받을까 봐 돌려보낸 것이오."

사내는 그제야 의문이 풀린 듯 고개를 끄덕였다.

"성의를 무시한 것 같아 죄송하게 생각합니다. 하지만 나라의 녹을 먹는 자라면 생선 한 마리가 아니라 생선 비늘 한 개라도 받아서는 안 되지요. 그런 쓸데없는 오해 때문에 일도 하지 못하고 전전긍긍하는 사람을 많이 봐왔소."

사내는 자산의 말에 크게 감동하여 밖으로 나서면서 중얼거렸다.

"이 나라의 관리들이 모두 자산과 같이 청렴한 마음만 가지고 있다면 천하통일은 바로 눈앞의 일일 텐데……."

내가 알고 네가 아는 일

饋遺之物은 雖若微小라도

恩情旣結이라 私已行矣니라.

선물로 보내온 물건은 비록 작은 것이라 하더라도 은혜의 정이 맺어진 것이므로
이미 사사로운 정이 행해진 것이다.

— 청심 淸心

후한 시대 때 양진이라는 사람은 학문이 깊고 깨끗한 마음을 지
니고 있었다. 그가 산동성의 태수로 있을 때 행차를 나섰다가 날이
저물어 창읍이라는 고장에서 하루를 머물게 되었다. 그런데 그날
밤 창읍의 현령으로 있는 왕밀이 몰래 양진을 찾아왔다. 왕밀은 예
전에 양진의 추천으로 벼슬에 오른 사람이었다.

"태수님, 만나 뵙게 되어 얼마나 다행인지 모르겠습니다. 제가 지
난날 태수님의 은혜를 입어 오늘날 이 자리에 오르게 되지 않았습

니까? 평소에도 그 고마움을 늘 생각하고 있었는데 오늘에야 그 은혜를 갚게 되어 기쁘기 한량없습니다."

그러면서 왕밀은 품에서 보자기 하나를 꺼내 양진에게 슬며시 내밀었다.

"이게 뭔가?"

양진은 점잖게 왕밀에게 물었다.

"예전에 베풀어 주신 은혜를 조금이라도 갚기 위해 제가 준비한 황금 열 근입니다."

그러자 양진은 버럭 화를 내며 소리쳤다.

"이 사람아! 이게 무슨 짓인가? 내가 이런 것을 받으려고 자네를 추천한 줄 아는가?"

"태수님의 성격이 강직하다는 것은 세상이 다 아는 사실입니다. 하지만 이것은 뇌물이 아니고 제 마음이니 부디 거절하지 마시고 받아주십시오."

왕밀은 사정하다시피 머리를 조아리며 양진에게 황금을 건네려

고 했다. 하지만 그럴수록 양진은 더욱이 완고했다.

"내 성격을 잘 안다는 사람이 왜 이렇게 사람을 귀찮게 하는가?"

"태수님, 지금은 한밤중입니다. 그리고 지와 단둘밖에 없으니 누가 이 사실을 알겠습니까?"

그러자 양진은 왕밀을 딱하다는 듯이 쳐다보며 말했다.

"참 딱한 사람이로구먼. 어찌 그리 생각이 좁은가?"

"무슨 말씀이십니까?"

"아무도 모른다는 말은 당치 않은 말일세. 하늘이 알고 땅이 알고, 또 자네와 내가 알고 있는 사실인데 어찌 아무도 모른다고 하는가?"

내가 누우면
구백아흔아홉 칸짜리 집

조선 시대 연산군 때, 항간에 별스런 소문 하나가 나돌았다. 한양의 남산에 구백아흔아홉 칸짜리 거대한 기와집이 있다는 소문이 그것이다. 이 해괴한 소문을 듣고 그 집을 보기 위해 방방곡곡에서 사람들이 남산으로 몰려들었다.

평생 그런 집 한번 구경하고 죽으면 원이 없겠다는 사람까지 있었다. 하지만 소문을 듣고 상경한 사람들은 남산을 이 잡듯이 뒤져도 그런 기와집을 좀체 발견할 수 없었다. 남산이 제아무리 넓다 해도 한나절만 돌아보면 손바닥처럼 훤히 볼 수 있고, 더구나 그처럼 거대한 집이라면 한눈에 알아볼 수 있을 텐데 구백아흔아홉 칸은커녕 백 칸짜리 집터도 찾아볼 수가 없었던 것이다. 그래서 허탕을 친 구경꾼들은 쓸쓸한 심정을 곱씹으며 고향으로 발길을 돌리곤 했다.

그러던 어느 날, 경상도에서 올라왔다는 한 선비가 한나절 내내 남산을 돌아본 뒤 역시 허탕을 친 줄 알고 어느 허름한 오두막집으로 들어갔다. 인근에 주막도 없고 해서 물 한 모금 청해 마실 심산이었다. 그 집은 사람 두셋이 누우면 족할 만치 비좁을 뿐 아니라 외양도 누추하기 짝이 없었다. 선비가 집 안으로 들어서면서 기척을 하자 방에서 기침 소리가 들렸다. 사람이 살긴 사는가 보다 하고 생각한 선비는 슬며시 방문을 열어 보았다. 조심스럽게 방 안의 동정을 살피던 그는 안에 있는 사람을 보고는 깜짝 놀랐다. 비록 남루한 옷을 걸치고 있기는 하나 그 기품이 당대의 재상 못지않은 양반 하나가 좌정을 한 채 글을 읽고 있었기 때문이었다. 아니나 다를까 그 양반은 바로 당대 최고의 학자이자 육판서를 두루 지낸 명재상 홍귀달이었다.

선비는 안으로 들어가 자신이 먼 경상도 땅에서 이곳 남산까지 찾아온 경위를 설명했다. 그러자 홍귀달은 벙긋이 웃으며 말했다.

"아마도 내가 주위 사람들에게 한 말이 잘못 전해진 모양이구려. 비록 허름한 오두막이지만 내가 이 방 안에 누우면 구백아흔아홉 칸의 사색을 하고도 여분이 남는다는 말을 자주 했었는데 그 말이 와전된 것 같구려. 허허허!"

한나라의 재상까지 지낸 사람이 이토록 청빈하고 깨끗한 마음을 지닐 수 있다는 것에 감동한 선비는 홍귀달에게 큰절로 경의를 표했다.

廉者寡恩 人則病之니라

躬自厚而薄責於人이 斯可矣니라

干囑不行焉 可謂廉矣라

清聲四達하여 令聞日彰도

亦人世之至榮也니라

청렴한 자는 은혜롭게 용서하는 일이 적기 때문에 사람들이 이를 오히려 병으로 여긴다.

자신은 무겁게 책망하고, 남은 가볍게 책망하는 것이 옳다.

청탁이 행해지지 않으면 청렴하다고 할 수 있다.

청렴하다는 명성이 사방에 퍼져서 좋은 소문이 날로 드러나면

이 역시 인생의 지극한 영화다.

— 청심 清心

청탁 편지를 뜯어보지 않은 청백리들

凡^범朝^조貴^귀私^사書^서로 以^이關^관節^절相^상託^탁者^자는 不^불可^가聽^청施^시니라.

조정의 높은 관리가 사신을 보내어 뇌물로 청탁하는 것을 들어주어서는 안 된다.

– 병객 屛客

예부터 어느 나라에서든 윗사람에게 청탁을 올리는 일은 흔히 볼 수 있었다. 그렇지만 그 청탁의 유혹을 물리치고, 더 정확하게 말하자면 청탁을 할 때 으레 따라붙는 물질의 유혹을 물리치고 자신의 신념을 굳건하게 지키는 것은 결코 쉬운 일이 아니었을 것이다.

중국 삼국 시대 위나라의 진태라는 사람은 병주 지방의 태수로 있었다. 지인들은 그에게 많은 편지를 보내왔다. 그러나 그는 편지들을 일체 뜯어보지 않았고 나중에 그가 다시 나라의 부름을 받아

상서가 되었을 때, 받은 편지들을 모두 돌려주었다고 한다. 또한 조염이라는 사람도 청주의 자사로 있으면서 요직에 있는 지체 높은 사람들로부터 온 청탁 편지를 모조리 물속에 던져 버리고 그 이름도 보려고 하지 않았다고 한다. 그리고 진나라의 공익이라는 사람 역시 낙양령으로 있을 때 청탁 편지를 받으면 그 즉시 물속에 던져 버렸다.

한번은 정약용이 홍주 목사 유의에게 편지를 띄워 공사公事를 논의하고자 했다. 그런데 며칠이 지나도 유의로부터 답장이 오지 않아, 나중에 물으니 유의는 아무렇지도 않다는 듯 대답했다.

"나는 원래 벼슬에 있을 때는 편지를 뜯어보지 않습니다."

그러면서 하인에게 시켜 편지함을 가져오게 하여 쏟으니 가득 담긴 편지들은 한결같이 뜯지 않은 채 그대로 있었다. 편지를 대충 살펴보니 거의 조정의 귀인들이 보낸 것이었다. 정약용이 다시 물었다.

"내가 보낸 편지는 공적인 일을 의논하고자 했던 것이었소. 이런 편지들과는 종류가 다른데 어찌 뜯어보지 않았소?"

유의가 대답했다.

"그런 내용이었다면 왜 공문으로 보내지 않으셨습니까?"

"마침 비밀에 속한 일이었기 때문이었소."

"비밀에 속한 일이라면 왜 비밀 공문으로 하지 않으셨습니까?"

정약용은 그 물음에 마땅히 대답할 말이 없었다.

세 냥 주고 땜질한 엽전 한 냥

私用之節은 夫人能之니라. 公庫之節은 民鮮能之니라.

視公如私라야 斯賢牧也라.

자기 것을 절약하는 일은 보통 사람도 할 수 있지만,
공고(公庫)를 절약하는 이는 드물다.
공물을 사물처럼 보아야 어진 목민관이라 할 수 있다.
— 절용 節用

마을 사람들에게 존경받는 한 정승이 있었다. 하루는 정승이 하인을 불러 테두리가 떨어져 나간 엽전 한 냥을 주면서 말했다.

"이 엽전을 가지고 대장간에 가서 떨어져 나간 테두리를 깨끗하게 땜질해 오너라."

하인은 그가 말한 대로 대장간에 갔고 한참 만에야 돌아와 이렇게 말했다.

"이 귀 떨어진 엽전을 때워서 제대로 동전 구실을 하게 고치려면 세 냥이 들어간다고 해서 그냥 돌아왔습니다. 한 냥짜리 엽전을 고치기 위해 세 냥의 돈을 줄 수는 없는 일 아니겠습니까?"

하인은 당연히 정승에게 칭찬을 들으리라는 자신감에 당당한 어조로 말했다. 하지만 정승은 근엄한 표정을 지으며 말했다.

"하기는 네 말이 맞다. 공전이 세 냥이라면 결국 두 냥을 밑지는 것이니 당연히 그냥 돌아왔겠지. 하지만 다시 한번 생각해 보아라."

하인은 고개를 갸웃거렸다.

"세 냥을 주고서라도 이 돈을 고쳐 쓴다면, 작게는 내 돈 한 냥을 살리는 것이고, 크게는 우리나라 전체의 돈 가운데 한 냥을 살리는

일이 아니겠느냐? 만약 이 돈을 못 쓰게 되었다고 해서 그냥 버린다면 결국 나라의 돈 한 냥이 줄어드는 것이다."

"그거야……."

하인은 이내 기가 죽었다.

"또한 대장장이에게 세 냥을 주더라도 그 돈은 살아있는 돈이니 나라의 돈이 줄어들 리가 없고 대장장이의 수입이 늘었으니 크게 보아서는 나라 경제에 보탬이 되는 일이 아니겠느냐?"

하인은 그 말을 듣고서야 비로소 고개를 끄덕였다.

"그러니 어서 대장장이에게 세 냥을 주고 못 쓰게 된 한 냥을 땜질해 오너라."

하인은 정승의 큰 안목에 감탄하며 대장간으로 달려갔다.

톱밥도 아껴두면 쓸모가 있다

천 지 생 물　　영 인 향 용
天地生物하여　令人享用이니라.

능 사 일 물 무 기　　사 가 왈 선 용 재 야
能使一物無棄여야　斯可曰善用財也니라.

천지가 만물을 낳아 사람으로 하여금 누려서 쓰게 한 것이니
하나의 물건이라도 버리지 않아야 재물을 잘 쓴다고 말할 수 있다.
- 절용 節用

중국 진나라의 형주 고을에 도간은 관직에 있으면서 물건을 함부로 쓰는 자를 엄하게 다스렸다. 음식을 남기는 것은 말할 것도 없고, 배춧잎이나 실 한 올까지도 헛되이 쓰는 법이 없었다. 그는 부하들에게 나무를 자를 때 생기게 마련인 톱밥까지도 빠짐없이 챙겨 두도록 명했다.

"나리, 톱밥은 무엇에 쓰시려고 모아두라 하십니까?"

도간의 검소함은 익히 알고 있는 바였으나 쓸모없어 보이는 톱밥

까지 챙기라는 소리에 부하들은 일면 짜증스런 마음이 없지 않았던 것이다.

"다 쓸모가 있으니 그리해라."

"톱밥은 거름으로도 쓸 수 없고 공연히 창고의 자리만 차지할 터인데……."

부하들은 투덜거리며 그의 명령에 따라 톱밥을 자루에 넣어 창고에 보관해 두었다.

그해 겨울은 유난히 눈이 많이 내렸다. 봄이 되어 눈이 녹자 마치 큰 비가 내린 듯 길이 온통 진창이 되었다. 그러자 도간은 창고에 쌓아둔 톱밥을 꺼내오게 했다.

"고을의 길이란 길에는 빠짐없이 톱밥을 뿌려 백성들이 편히 다닐 수 있도록 하라."

부하들은 톱밥조차도 아껴 두면 언젠가는 쓸모가 있다는 사실과 함께 앞을 내다보는 도간의 총명함에 존경심을 느꼈다.

3

奉公六條

봉공6조

일을 처리할 때 관리들이 명심해야 할 사항들

백성을 이롭게 하기 위해 법을 지켜라

법 지 무 해 자　　수 이 무 변
法之無害者는 守而無變하고

예 지 합 리 자　　준 이 물 실
例之合理者는 遵而勿失이니라.

해로움이 없는 법은 지키어 고치지 말고, 사리에 맞는 관례는 따르고,
버리지 않도록 해야 한다.

- 수법 守法

조선의 어진 관리로 황희와 더불어 전주 판관을 지낸 정승 '허조'라는 인물이 있었다. 그는 고려 말 경오년에 벼슬에 올라 조선 때에는 좌의정까지 오른 인물이다.

허조는 늘 청렴함이 몸에 배고 매사에 절개를 지키며 사리에 밝아 일을 잘 처리하기로 유명했다. 그의 기질은 간소하면서도 엄숙하고 방정하며 모든 이에게 공평하고 청렴했다. 게다가 그는 부지런함이 타고나 닭이 울면 일어나 세수를 하고 옷을 차려입은 후 하

루 종일 게으른 내색을 하지 않았다.

그의 행동은 항상 나라의 일이 첫 번째로, 사사로운 일에는 관심을 보이거나 말을 하지 않았으며 국정을 논할 때에는 남들의 생각보다 자신의 뜻을 지키고 휘둘리지 않는 강직함을 보였다. 일찍이 스스로가 자신에게 맹세하기를, "법이 아닌 것으로 일을 처리하면 하늘이 나에게 벌을 내릴 것이다."라고 할 정도였다. 게다가 그 뜻을 담은 '非法斷事 皇天降罰비법단사 황천강벌'이라는 여덟 글자를 현판에 써서 공청 마루에 걸어두고 스스로도 법을 지킬 것을 맹세했다.

그러나 어찌 모든 일을 법으로만 처리할 수 있겠는가. 일체 법만 지킨다면 때에 따라서는 더 좋은 결정을 내리지 못하게 될 수도 있다. 백성들을 이롭게 하기 위해서는 때때로 융통성을 발휘해야 한다.

허조는 '자신의 마음이 천리의 공정함에서 나왔으니 법이라 해서 고집스럽게 지킬 필요가 없음'을 깨달았다. 또한 자신의 마음이 사사로운 욕심에서 비롯되었다면 조금이라도 법을 벗어나서는 안 될 것이라 생각했다.

이처럼 법을 집행하는 사람은 법으로 죄를 판단하는 것도 중요하지만 상황에 따라서는 융통성 있게 법의 해석을 다룰 수 있는 아량이 필요함을 알 수 있다.

친구와의 마지막 만찬

監^{감 사 자}司者는 執^{집 법 지 관}法之官이니 雖^{수 유 구 호}有舊好라도 不^{불 가 시 야}可恃也니라.

감사는 법을 집행하는 관리니, 비록 옛날부터 좋게 지내는 사이라 하더라도
그것을 믿어서는 안 된다.

― 예제 禮際

    중국 후한 시대 때, 강직한 성품을 지닌 소장은 기주자사^{冀州刺史}
가 되었다. 소장은 여러 날 동안 자신이 맡은 관할구역을 순찰하며
여러 가지 비리들을 들추어내는 일을 게을리하지 않았다. 그런데
그의 친구 중에 청하 태수가 된 사람이 있었다. 소장은 순찰을 하러
다니던 중에 바로 그 친구가 저지른 부정을 알게 되었다.

    "나는 그저 딱 한 번 받았을 뿐이네. 정말이니 믿어 주게."

    태수는 소장의 강직함을 익히 알고 있던 터라 자신의 비리를 그

냥 넘겨주지 않으리라고 생각했다. 그래서 미리 겁을 먹고 그렇게 말했던 것이다. 소장은 태수의 말에는 아무 대꾸도 하지 않은 채 이런 말을 남기고 돌아갔다.

"오늘 저녁에 내가 잔치를 베풀 테니 내 집으로 와주게."

태수는 뛸 듯이 기뻐하며 날이 저물자 소장의 집으로 달려갔다. 잔치를 베풀어 준다는 것은 자신의 죄를 덮어 주겠다는 말이나 마찬가지였기 때문이다. 마침내 노래와 풍악이 울리는 가운데 성대한 잔치가 벌어졌다. 두 사람은 한바탕 마시고 춤을 추며 즐거운 시간을 보냈다. 그러나 이튿날 아침이 되자 소장은 완전히 다른 사람이 되었다. 밤새워 함께 마시며 어울리던 친구를 그 자리에서 체포하여 옥에 가두었던 것이다. 태수는 너무 어이가 없어 이렇게 말했다.

"함께 웃으면서 술을 마시다가 갑자기 돌변하여 나를 가두다니 겉 다르고 속 다르다는 옛말은 자네를 두고 하는 말인가 보군 그래."

그러나 소장은 눈 하나 깜짝하지 않고 대꾸했다.

"어제저녁에 나는 사사롭게 옛 친구와 함께 술을 마신 것이고, 오늘 아침 자네를 가둔 것은 기주자사로서 마땅히 행해야 할 법을 시행한 것뿐일세."

죄를 들추어 바르게 처리한 이야기가 온 고을에 전해지자 백성들은 한결같이 소장을 믿고 따랐다.

오이 밭에 물 주기

인읍상목 접지이례 즉과회의
隣邑相睦하고 接之以禮라야 則寡悔矣니라.

인관유형제지의 피수유실 무상유의
隣官有兄弟之誼하니 彼雖有失이라도 無相猶矣니라.

이웃 고을과 서로 화목하고 예로써 대접해야 뉘우침이 적을 것이다.
이웃 목민관과는 형제 같은 의가 있어야 하는데
비록 상대방 쪽에 잘못이 있더라도 그자와 같아져서는 안 될 것이다.

- 예제 禮際

중국 양나라의 대부였던 송취는 현령으로서 한 고을에 재직했다. 그 고을은 초나라와 경계를 이루고 있는 지역이었는데, 두 나라에서는 모두 밭에 오이를 심어 길렀다. 양나라 사람들은 정성껏 밭에 물을 주어 오이의 품질이 아주 좋았으나 초나라 사람들은 게을러 자주 물을 주지 않아 오이가 시들시들하고 좋지 않았다. 이를 본 초나라 수령은 양나라의 매끈한 오이를 몹시 시기한 나머지 하루는 사람들을 시켜 해코지를 하게 했다.

"밤중에 몰래 국경을 넘어 양나라의 오이들을 손톱으로 긁어 버리고 오너라."

매일 밤 국경을 넘어와 이런 짓을 하다 보니 양나라 오이들은 거의 말라 버리고 말았다. 이를 이상하게 여긴 송취는 밭 근처에 사람들을 매복시켜 그 이유를 알게 되었다. 그러자 정장이라는 신하가 매우 노하여 이렇게 아뢰었다.

"이에는 이라고 했으니 우리도 밤에 몰래 국경을 넘어가 저쪽 오이들을 파헤치고 오겠습니다."

그러자 송취가 손을 저어 말리며 말했다.

"그것은 오히려 화를 나누는 결과만 가져올 뿐이다."

그러고는 사람을 시켜 밤중에 몰래 초나라 오이 밭에 들어가 물을 대주고 오도록 했다. 그렇게 며칠이 지나자 초나라 밭의 오이도 싱싱하게 자랐다.

초나라 수령은 그 사실을 알고 자신의 행동을 반성하며 이 사실을 임금에게 고하게 되었다. 초나라 임금은 그 사실을 전해 듣고는 송취에게 귀중한 물건을 보내 사례하고 양나라 임금과도 우호관계를 맺게 되었다.

이웃 목민관과 화목하지 못하게 되는 이유는 송사에 관계된 백성을 찾아내려 하는데 그를 비호하여 보내 주지 않기 때문이다. 그리하여 서로 화목하지 못하게 되고 또한 당연히 차역을 해야 하는데도 회피하고 서로 미루게 되면 역시 화목하지 못하게 된다. 서로 객기를 부려 지기를 싫어하고 이기기만 좋아하게 되면 이 지경에 이르는 것이다.

만약 저쪽에서 이치에 맞지 않게 내 백성을 괴롭힌다면 나는 백성의 목민관으로서 당연히 비호해야 하겠지만, 저쪽에서 주장하는 일이 공정하고 내 백성이 사납고 교만하여 나를 의지하는 숲으로 삼아 숨으려 한다면, 마땅히 죄를 다스리도록 해야 한다.

전임의 죄를 덮어주는 너그러움

전 관 유 자　　엄 지 물 창
前官有疵어든 掩之勿彰하고

전 관 유 죄　　보 지 물 성
前官有罪어든 補之勿成이니라.

전관에게 흠이 있으면 덮어 주어 나타나지 않도록 하고,
전관이 죄가 있으면 도와 죄가 되지 않도록 해야 한다.

— 예제 禮際

송나라 때 부요유라는 사람이 고을 서주를 맡아 다스리게 되었
다. 그가 부임해 관내의 사정을 파악하다 보니 전임 수령이 군량을
축낸 사실을 알게 되었다. 이 사실에 대해 밑의 관료들은 전임 수령
의 허물을 비난했으나 부요유는 자신이 대신 보상하고 그의 허물을
탓하지 않았다. 그 후에도 여러 번 전임 수령의 허물을 상전에 보고
해야 한다는 상소가 있었으나 부요유는 임기를 다하고 서주를 떠날
때까지 변명하지 않았다. 이에 대해 소옹이라는 현인이 이렇게 칭

찬했다.

"그는 맑으면서도 빛나지 않고 곧으면서도 과격하지 않으며, 용감하면서도 온순했다. 그가 처신을 그렇게 하기는 결코 쉬운 일이 아니었다."

또한 명나라 때 악주라는 고을에 육방이라는 사람이 목민관으로 부임하게 되었다. 육방 역시 부임 초기에 고을의 사정을 파악하다가 전임 수령의 과실을 발견하게 되었다. 예전에 큰 나무 한 그루가 강물에서 떠내려와 경내로 들어왔는데, 전임 수령은 그것이 황실에 쓰일 나무인 줄을 모르고 자기 고을에서 쓰도록 했던 것이다. 이에

대해 나무를 관리하는 아전은 육방의 죄가 크다는 결론을 내리고 이를 상부에 알릴 것을 주장했다. 그러나 육방은 그 사실을 입 밖에 내지 말도록 명했다. 그 후에도 아전의 상소가 끊이지 않았으나 육방은 그때마다 이렇게 말했다.

"내가 위에 알리면 전임 수령이 벌을 받을 것이니 차라리 내가 죄를 지고 돌아가는 것이 나을 것이다."

결국 이 일은 오랜 시일이 지난 후에야 그 사실이 밝혀졌다. 만약 전관이 공금에 손을 댔거나 창고의 곡식을 축내고 허위 문서를 만들어 놓았다면, 그것을 금방 들추어 내지 말고 기한을 정하여 배상하도록 해야 한다. 기한이 지나도 배상하지 못하거든 상사와 의논하도록 한다. 또한 진관이 세력 있는 집안이거나 호족이어서 권세를 믿고 약한 자를 능멸하는 자세로 일을 처리하면서 뒷일은 걱정하지 않는 자라면, 강경하고 엄하게 대응하여 조금이라도 굽히지 말아야 한다. 비록 이 때문에 자신이 죄를 입어서 평생 불우하게 되더라도 후회해서는 안 된다.

사대부의 벼슬살이

상 사 이 비 리 지 사   강 배 군 현
上司以非理之事로 强配郡縣커든

목 의 부 진 이 해   기 불 봉 행
牧宜敷陳利害하여 期不奉行이니라.

상사가 이치에 맞지 않는 일을 군현에 강제로 배정하면
목민관은 마땅히 그 이해를 차근차근 설명하여
봉행하지 않기를 기해야 한다.

— 공납 貢納

사대부가 벼슬을 하기 위해서는 무엇이든 기꺼이 버릴 줄 알아야 한다. 그들은 버릴 기棄 자를 집 안의 벽에 붙여두고 아침저녁으로 눈여겨보며 자신의 행동에 어긋남이 있는지 없는지를 살핀다.

마음에 거리낌이 있거나 상사가 무례하게 굴거나 자신의 뜻이 행해지지 않으면 벼슬을 버릴 줄 알아, 감사가 보기에 '저 사람은 벼슬을 가벼이 여겨 언제든 자리를 떠날 수 있는 사람이구나'라고 생각하게 해야 한다. 자신의 관직을 쉽게 놓을 수 있는 사람이야말로 목

민관 노릇을 제대로 하는 사람일 것이다.

만약 매사에 부들부들 떨며 언성을 높이고 자신의 관직을 빼앗길까 불안함과 두려움에 사로잡혀 있다면 그것이 말과 표정으로 그대로 드러날 것이며 상관 역시 그 사람을 업신여겨 대할 것이다. 자리를 버리지 못한다는 것을 알면 그 심리를 이용해 더욱 독촉과 꾸중을 일삼을 것이고 그리되면 그 자리에 오래 있을 수 없다는 것은 당연지사이다.

또한 좋은 정사는 오래도록 계승하고 나쁜 정사는 고쳐나가기도 하여 여러 정사를 두루 살필 줄 알아야 한다.

한나라 한연수가 영천 태수로 있을 때의 일이다. 이전 태수는 그 고을 풍속에 붕당이 많은 것을 걱정하여 아전과 백성들을 심문하여 서로의 잘못을 서로 들추고 드러내도록 했다. 그러나 이런 정사로 인해 백성들 간에 원수가 되는 일이 많았다.

이에 한연수는 예의와 겸양을 가르치기 위해 고을에서 가장 신망이 두터운 자들을 불러들여 술과 음식을 대접하고 현재 잘못된 풍속과 백성들의 괴로움을 토로하며 이들이 다시 서로를 아끼고 믿을 수 있도록 힘써 줄 것을 당부했다. 한연수의 말을 들은 사대부들은 백성들이 서로 화목하고 친애하며 원망하던 것들을 풀어버릴 방도를 하나씩 제시하기 시작했다. 그리고 그들도 곧 그렇게 될 것임을 확신하게 되었다.

4

愛民六條

애
민
6
조

牧民
心書

백성을 섬기는 관리의 자세들

버려진 아이를 보살피는 것은
하늘을 대신하는 일

자유자   선왕지대정야   역대수지   이위영전

慈幼者는 先王之大政也니 歷代修之하여 以爲令典이니라.

어린이를 사랑하는 것은 선왕들의 큰 정사여서
역대 임금들은 이를 행하여 아름다운 법도로 삼았다.

– 자유 慈幼

　　"예부터 선한 일과 상서로운 일을 돌이켜보면 덕이 많은 가문에
많은 경사가 생기는 것이 틀림없다. 개천에 버려진 파리하고 여윈
아이들의 병과 고통을 극진히 돌봐주고 특별히 주방의 반찬을 줄여
서라도 떠돌아다니는 아이들에게 베풀어준다면 장차 아들을 많이
낳을 징조가 나타나 자손이 번창할 것이요, 큰 덕이 대대로 창성하
여 기필코 네 필의 말이 끄는 큰 수레가 드나들 만큼 대문이 높아질
것이다."

다산 정약용의 말이다.

흉년이면 자식을 내다버리기를 물건 버리듯이 하니, 거두어주고 길러주어 그 아이들의 부모 노릇을 하면 그것이 바로 하늘의 일을 대신해주는 일이라는 것이다. 정약용뿐만 아니라 여러 고서에서도 버려진 아이를 맡는 일이 하늘의 일을 대신하는 것이며 그들의 부모가 되어주는 자는 반드시 하늘의 복을 받게 된다는 메시지를 담고 있다.

중국의 《급총주서汲冢周書》라는 책에는 이런 말이 있다.

"근인을 두어 고아를 맡게 하고, 정장을 두어 어린아이를 보호하게 하였다."

또한 중국 춘추 시대의 관중이 지은 《관자管子》라는 책에도 "국도에는 고아를 맡는 직책이 있는데, 고아를 하나 양육하는 자에게는 그 사람의 아들 하나의 부세를 면제해준다"라고 적혀 있었다. 그리고 《한시외전韓詩外傳》에서는 "백성 중에 어른을 공경하고 고아를 돌봐주는 자가 있으면 임금에게 보고하여 화려하게 꾸민 쌍두마차를 탈 수 있게 해야 한다"는 주장도 실려 있다.

이는 모두 어린이를 보살피는 정책으로, 어려서부터 부모에게 버림을 받거나 부모를 잃는 것은 아이가 겪을 수 있는 가장 큰 고통이라고 여겼다. 아이는 평생 아이로 남지 않는다. 그들은 부모가 있든 없든 자라나 어른이 될 것이며 나라의 보탬이 되는 자로 성장하게 될 것이다. 그러한 성장을 누군가가 올바른 마음으로 돕는다면 그것은 분명 자신의 복을 부르는 일이 될 것이다.

자식을 죽인 어머니들

민 기 곤 궁　　생 자 불 거
民旣困窮이면 生子不擧니라.

유 지 육 지　　보 아 남 녀
誘之育之하여 保我男女니라.

백성들이 곤궁하게 되면 자식을 낳아도 거두지 못하니,
이들을 타이르고 길러서 내 자식처럼 보호해야 한다.
ㅡ 자유 慈幼

　　중국 후한 시대의 문신이었던 가표가 신식 지방의 목민관이 되었
을 당시, 백성들은 너무 가난에 찌든 탓에 자식을 키우지 않고 버리
는 일이 허다했다. 그래서 그는 법을 엄격하게 정하여 자식을 버릴
경우 살인을 한 것과 똑같은 죄로 다스렸다.

　　가표가 재직하던 지방의 남쪽에는 도둑으로서 살인죄를 저지른
자들이 살았고, 북쪽에는 자식을 죽인 부인네들이 살고 있었다.

　　가표는 군사를 보내 그들을 잡아 벌을 주려 했다. 이때 한 부하 장

수가 나서서 가표에게 남쪽 지방으로 먼저 가자고 했다. 그러자 가표가 크게 화를 내며 장수를 꾸짖었다.

"도둑이 사람을 죽이는 일은 이따금 있는 일이긴 하지만 자기 자식을 죽이는 짓은 천륜을 거역하는 일이다. 그런데 어찌 천륜을 거역한 자들을 놔두고 도둑부터 잡자고 하는가?"

가표는 당장 군사를 거느리고 북쪽으로 가서 자식을 죽인 여자들을 잡아 중벌을 내렸다. 이 일이 전해지자 남쪽에 있던 도둑들은 스스로 가표에게 찾아와 자수를 했다.

이 일로 살려낸 아이들이 몇 년이 되지 않아 천여 명에 달했다. 그 지방 사람들은 입을 모아 자신의 자식을 가표 수령께서 살려냈다고 말하면서 그 아이들에게 모두 가씨 성을 붙였다고 한다.

또한 송나라 문신인 엽몽득이 허창 지방을 맡아 다스리던 어느 해에 홍수를 만나 많은 이재민이 생겼다. 그때 사람들은 서로 협동하여 십만여 명이나 구해서 살려냈으나 버려진 어린아이들을 구하려 하는 사람은 없었다. 이를 이상하게 여긴 엽몽득은 말했다.

"자식이 없는 사람들이 왜 저 아이들을 구해서 데려다 기르지 않는가?"

이 말을 듣고 관리가 답했다.

"사람들이 아이들을 데려다 기를 생각을 갖고 있기는 하지만 그 아이들이 다 큰 뒤에 누가 와서 제 자식이라고 하며 돌려 달라고 할까 봐 그 점이 걱정되어 그러는 것입니다."

그 말을 들은 엽몽득은 그에 관한 법률을 찾아보았는데 '재앙을 만나 내어버린 어린아이들은 부모가 다시 찾아가지 못한다'는 구절이 있었다.

엽몽득은 기뻐하며 그 조문을 수천 장 써서 서민들에게 배포했다. 그리고 버려진 아이들을 기르는 자들에게는 상을 주고 곡식을 나누어 주어서 가난한 자들에게도 도움이 될 수 있도록 했다. 그리하여 일이 거의 끝난 다음에 기록을 살펴보니 무려 삼천 팔백여 명의 아이들이 죽음을 면하게 되었다는 것을 알 수 있었다고 한다.

죽고 사는 일은 정성에 달린 것

其或饑饉癘疫으로 死亡相續이어든

收瘞之政을 與賑恤偕作하니라.

기근과 유행병으로 사망자가 속출하면 거두어
매장하는 일을 진휼(구제하여 돌보는 일)과 함께 시행해야 한다.

— 애상 哀喪

수나라 때의 문신 신공의는 민주 지방의 목민관이 되었는데 그곳
사람들은 염병 장티푸스을 몹시 무서워했다. 병에 걸린 사람들을 피하
는 것은 물론 심지어는 가족 중에 환자가 생기면 온 가족이 피해버
렸다. 그래서 병인들은 그대로 죽거나 치료도 받지 못하고 있었다.
그것을 안 신공의는 버려져 신음하고 있는 사람들을 모두 관청 안
으로 들게 했다.

"몹쓸 병에 걸린 것도 분한 일인데, 가족까지 외면하는 것이 말이

되는가?"

그리하여 청사 안은 염병을 앓고 있는 사람들로 들끓게 되었다. 신공의는 밤낮으로 그들을 돌보며 곁을 떠나지 않았다. 더구나 자신의 월급으로 약을 사다 먹이며 정성껏 보살폈다. 그러한 정성이 하늘에 닿았는지 많은 사람들이 목숨을 건졌다. 신공의는 살아난 사람들의 가족과 친척들을 불러다 모아 놓고 말했다.

"죽고 사는 것은 하늘에 달린 일이다. 만일 그들의 병이 무조건 전염되는 것이었다면 나는 벌써 죽었을 것이다. 정성이야말로 사람이 죽고 사는 일의 가장 으뜸인 것이다."

이 말을 들은 가족들은 모두 부끄러워하며 신공의에게 감사의 절을 올렸다.

부하들을 자식처럼 여긴 오자

군졸이병   인어동뇌자   섬기의반   비무사야
軍卒贏病하여 因於凍餒者는 贍其衣飯하여 禪無死也니라.

군졸들 중에 추위와 굶주림으로 인하여 여위고
병든 자에게는 옷과 음식을 주어 죽지 않도록 해야 한다.

– 관질 寬疾

중국의 병법가 중에서 '오자'라는 인물은 그 누구보다도 끔찍하게 부하를 아끼고 사랑한 것으로 유명하다. 그는 병사인 부하들과 똑같은 옷을 입고 같은 음식을 먹었으며 함께 자고 함께 걸었다. 오자가 이렇게 부하들을 사랑했기에 자연히 부하들은 한결같이 그에게 충성을 맹세했다.

어느 날이었다. 오자의 부하 중 한 명이 등에 종기가 나서 몹시 고생하고 있었다. 의사에게 그 종기를 보였더니 입으로 고름을 빨아

주지 않으면 낫지 않는다고 했다. 이 말을 들은 오자는 곧 부하의 종기에 입을 대고 고름을 빨아내었다. 그랬더니 정말 상처가 씻은 듯이 나았다.

이 광경을 본 다른 부하 병사가 휴가를 받아 고향으로 내려가던 중 마침 종기가 났던 병사의 어머니를 만나게 되었다. 그리고 그 어머니에게 오자가 아들을 치료해주었다는 사실을 전해주었다. 그러자 갑자기 그 어머니는 통곡을 하며 말했다.

"이제 어쩌면 좋단 말인가! 우리 아들도 죽게 생겼으니……."

이해할 수 없던 병사는 그 어머니에게 물었다.

"저희 장군께서 친구의 종기를 빨아내 주셔서 살았다는데 왜 죽게 되었다고 하십니까?"

그러자 어머니는 여전히 울먹이며 말을 이었다.

"등에 종기가 나는 것은 우리 집안의 내력이라오. 내 남편도 일찍이 오 장군 밑에서 부하로 있었는데 그때도 남편 등에 종기가 나자 장군이 직접 입으로 빨아서 치료를 해주었지. 그러자 남편은 장군의 은덕에 감격하여 목숨을 바쳐 충성을 하겠다고 맹세했는데 정말 전쟁이 일어나자 용감히 싸우다가 전사했다오. 그런데 이번에는 내 아들이 또 장군에게 은덕을 입었으니 전쟁터에 나가게 되면 또 죽음을 두려워하지 않고 싸울 게 아니오?"

몇 달 후, 정말 그 어머니의 염려대로 그 병사는 전쟁터에 나가 그 아버지처럼 오자를 위해 용감하게 싸우다가 전사하고 말았다.

5

吏典六條

―――

이전 6조

牧民
心書

부하를 다스릴 때 필요한 사항들

뇌물과 선물의 차이

중국 후한 시대의 탁무라는 사람이 밀현 지방의 목민관으로 있을 때였다. 탁무는 백성들을 아들같이 여기고 나쁜 말은 입 밖에 내지 않았기 때문에 아전이나 백성들은 차마 그를 속이지 못했다. 하루는 백성 중에 한 사람이 관아에 있는 정장이라는 관리를 두고 이런 상소를 올렸다.

'정장은 나에게 쌀과 고기를 받아먹었다. 내게 뇌물을 받았으니 그는 죗값을 치러야 할 것이다.'

문제가 생기자 탁무는 상소를 올린 백성을 불러 물었다.

"정장이 너에게 쌀과 고기를 달라고 했느냐?"

그가 고개를 저으며 대답했다.

"아닙니다."

"그럼 네가 정장에게 청탁할 일이 있어서 주게 되었느냐?"

"아닙니다."

"그럼 평소에 정장에게 무슨 은혜를 입었기에 그에게 쌀과 고기를 주었느냐?"

"그것도 아닙니다. 그저 가서 주었을 뿐입니다."

"그렇다면 네가 주어서 받은 것뿐인데 어찌하여 상소를 올렸느냐?"

"제가 듣기에 현명한 임금은 백성이 관리들을 두려워하지 않게 하고, 관리들은 백성에게서 취하지 못하게 했다고 합니다. 지금 저는 관리들을 두려워하고 있습니다. 그래서 제가 먼저 쌀과 고기를 갖다준 것입니다. 그리고 관리는 그것을 받았습니다. 그런 까닭에 상소를 올린 것입니다."

그러자 탁무가 노하여 큰 소리로 꾸짖었다.

"너야말로 몹쓸 백성이구나. 관리가 위력을 가지고 강제로 요구하는 것은 부당하지만 내가 알기에 정장은 착한 관리다. 더구나 네가 정장에게 준 쌀과 고기는 뇌물이 아니라 선물이라고 볼 수 있다. 선물을 보내는 것은 뇌물이 아니라 예법인 것이다."

"참으로 이치가 그러하다면 법에서 왜 이것을 금합니까?"

탁무가 웃으면서 말했다.

"법이란 본시 큰 테두리만 설정해 놓는 것이다. 그리고 예법은 인정에 따르는 것이다. 지금 내가 법률대로 너를 다스린다면 너는 손발을 제대로 놀릴 수 없을 것이다. 돌아가서 잘 생각해 보아라."

吏之求乞은 民則病之라
禁之束之하여 無碑縱惡이니라

牧民心書 —— 吏典六條

아전들이 구걸하면 백성들은 고통스러워한다.
금지하고 단속하여 함부로 악한 행동을 하지 못하도록 해야 한다.
— 속리 束吏

관아의 심부름꾼들에 대하여

관 노 작 간　　유 재 창 오　　유 리 존 언
官奴作奸은 惟在倉廒인데 有吏存焉이니

기 해 미 심　　무 지 이 은　　시 방 기 람
其害未甚이면 撫之以恩하고 時防其濫이니라.

관노의 농간질은 오직 창고에 있다. 그러나 아전이 있으니
폐해가 심하지 않으면 은혜로써 어루만지고 때로 지나친 것만 막으면 된다.

— 어중 馭衆

여러 이속吏屬: 관아의 비슬아치 밑에서 일을 보던 사람 중에서 관노官奴: 관청의 노예가 가장 고생한다. 급창은 장시간 뜰 위에 서서 잠시도 떠나지 않고, 수노는 물건 사들이는 일을 맡고 공노는 물건 제작을 맡는다. 그리고 구노는 말을 기르고, 방사는 뒷간 일을 보살핀다.

목민관이 행차하게 되면 여러 관노가 모두 따르는데, 그 노고가 이와 같건만 그 노고를 보수하는 대상은 포노, 주노 그리고 모든 창고의 창노에 불과할 뿐이다. 그 보수라는 것도 낙정미落庭米: 되나 말 따

위로 땅에 떨어뜨린 곡식, 즉 수고한 끝에 조금 얻어 저장하게 되는 반번지 못한 흘김을 비유적으로 이르는 말 몇 섬뿐이니, 어찌 딱하지 않은가?

그나마 창노는 반드시 원정[刻] 2 채소밭 따위를 가꾸는 사람을 겸하는데 일 년 동안 채소를 대느라 빚을 많이 지고 힘을 다한 뒤에야 이 창노 자리를 지키게 된다. 그러므로 관노를 거느리는 방법은 오직 잘 어루만져 두터운 은혜를 베푸는 것이다. 그리고 농간을 부리는 것을 막아야 할 자는 오직 창고지기일 뿐이다. 그러나 고을마다 관례가 여러 가지로 다르니 혹시 관노가 강성하여 간계를 지나치게 부릴 경우에는 엄중히 살피어 그들의 횡포를 막아야 한다.

수노는 시장에 가서 물건을 구입할 때 관청의 구입을 빙자하여 헐값으로 빼앗는 경우가 있다. 공노는 노끈, 짚신, 대그릇, 고리짝, 토기, 철기를 관장하는데 이것들을 절제 없이 사용하고서 반드시 추가로 징수하기를 요청하니 절간이 가난해지고 점촌이 폐허가 되는 것은 모두 이 때문이다.

제사나 잔치가 있으면 남은 음식을 관노들에게 골고루 나누어 먹이고 혹 추위와 굶주림이 심한 관노가 있거든 옷과 음식을 주어서 내 집 종처럼 보살펴야 한다. 그래야만 어진 목민관이다. 관노가 일시적으로 나를 상전이라 부르지만 은혜를 후하게 베풀지 않을 수 없다. 관가에는 때로 탐탁지 않은 재물이 생기는데, 그것을 쓰자니 청렴치 못하고 그것을 버리자니 의롭지 못하다. 이 같은 재물은 일을 고되게 하고 보수가 없는 관노와 관비에게 나누어 주는 것이 온

당하다.

관비에는 두 가지 종류가 있다. 하나는 기생인데 일명 주탕이라고도 하고 하나는 비자인데 일명 수급이라고도 한다. 기생은 가난하더라도 사랑해주는 자가 있으니 돌봐줄 것이 없다. 오직 음탕한 돈으로 수령 자신의 의복을 만들지 못하게 하면 된다.

가장 불쌍한 것은 얼굴이 추한 급비다. 겨울에는 삼베옷을 입고 여름에는 무명옷을 입으며, 머리는 쑥대같이 헝클어지고 밤에는 물을 긷고, 새벽에는 밥을 짓느라 쉴 새 없이 분주하다. 수령이 이런 자에 대하여 불쌍히 여기고 동정하며 때로는 의복도 주고 곡식도 주며 그 지아비의 사정을 물어 그 소원도 이루어 주면 또한 좋은 일이 아니겠는가?

임기를 다하고 돌아가는 날, 성 남문 밖에서 기생은 시원하다는 생각에 좋아하며 웃고, 급비는 섭섭해하는 뜻에서 눈물 흘리며 운다면 진정 어진 수령이라고 할 수 있다.

6

戸典六條

호전6조

牧民心書

농촌의 현실에 맞는 세금 징수 방법들

호랑이보다 무서운 세금

수 민 수 견 기　　　종 리 최 과
雖民輸愆期라도 縱吏催科는

시 유 종 호 어 양 난　　　필 불 가 위 야
是猶從虎於羊欄이니 必不可爲也니라.

백성들이 수납 기일을 어기더라도 아전을 풀어 납부를 독촉하는 것은
마치 호랑이를 양의 우리에 풀어놓는 것과 같으니 결코 그렇게 해서는 안 된다.

― 세법 稅法

춘추 시대 말엽, 공자의 고국인 노나라에서는 백성들로부터 세금을 가혹하게 거둬들이고 재산을 강제로 뺏는 일이 허다해 백성들이 몹시 허덕이고 있었다.

어느 날 공자가 수레를 타고 제자들과 함께 태산을 지나가고 있었다. 사람들의 왕래가 드문 길이어서 주변은 아주 조용했다. 그런데 길을 가던 중에 어디선가 한 여자의 울음소리가 들려왔다. 기이하게 여긴 공자 일행이 소리가 나는 쪽으로 가보았더니 그 여자가

세 개의 무덤 앞에서 슬프게 울고 있었다. 공자는 수레를 멈추고 제 자인 자로에게 연유를 물어보라고 일렀다.

"부인, 무슨 일로 그렇게 슬피 울고 계십니까?"

갑자기 나타난 자로를 보고 여자는 깜짝 놀라 고개를 들고 이렇 게 말했다.

"이 주변은 정말 무서운 곳입니다. 몇 년 전 이곳에서 저희 시아 버님이 호랑이에게 물려 돌아가셨습니다. 그리고 곧이어 우리 남편 도 물려 죽더니 이번에는 아들마저 호랑이에게 물려 죽었답니다."

이 말을 듣고 공자가 다시 물었다.

"그토록 무서운 곳인데 왜 여기를 떠나지 않습니까? 어서 마을로 돌아가시지요."

그러자 여자는 마치 불에 덴 사람처럼 손을 휘휘 저으며 대답했다.

"아닙니다. 그런 말씀 마십시오. 호랑이가 무섭긴 하지만 그래도 여기서 살면 세금을 혹독하게 징수당하는 일은 없습니다. 저는 목 숨이 다할 때까지 여기서 살 것입니다."

그 말을 듣고 공자는 제자들을 둘러보며 말했다.

"잘들 기억해 두어라. 가혹한 세금은 이처럼 호랑이보다 무서운 법이니라."

되로 갚을 것을 말로 갚은 부자

기 유 일 이 사 민　　사 걸 창 미　　위 지 별 환　　불 가 허 야
其有一二士民이 私乞倉米를 謂之別還이니 不可許也니라.

한두 양반이 사사로이 창고 쌀을 구걸하는 것을 별환(別還)이라 하는데
그 일은 허락해서는 안 된다.

– 곡부 穀簿

조선 정조 때 절도사 이원은 이여송의 손자였는데, 일찍이 군수
가 되었다.

한번은 김호성이라는 부자 양반이 창고의 곡식 사백 석을 축낸
적이 있었다. 이원은 그에게 여러 번 독촉을 했으나 제때에 갚지 않
아 고지서를 발부했다. 김호성은 고지서를 가지고 간 병사를 때려
거의 죽게 만들었으니 기가 막힌 노릇이었다. 이원은 짐짓 놀라는
기색을 하며 아전에게 물었다.

"그 집의 호주가 누구던가?"

"김호성이라고 합니다."

아전이 답을 하자 이원은 모른 척하며 말했다.

"아, 그래? 내가 잘못했구나. 그 집인 줄 미리 알았더라면 고지서를 보내지 않았을 텐데."

그러고는 사람을 보내 자신의 과오를 사죄했다. 그러자 김호성은 매우 기뻐했다. 그로부터 십여 일이 지난 어느 날이었다. 그날은 날씨가 춥고 눈까지 내렸다. 그런데 이원은 장교들을 불러 사냥할 채비를 차리게 했다. 자신은 소매가 좁은 군복을 입고 군관들은 모두 군복 차림에 활과 칼을 차게 했다. 또한 요리사까지 불러 술과 고기를 마련해서 뒤따르도록 했다. 이원은 김호성이 사는 마을 앞에 이르자 말에서 내렸다. 그리고 천막을 치게 한 다음 불을 피우고 솥을 건 뒤 일부러 눈을 크게 뜨며 아전에게 물었다.

"저 산 밑에 기와집이 아주 우람하구나. 저 집은 뉘 집인가?"

아전이 즉시 대답했다.

"저 집은 바로 김호성의 집입니다."

그 말을 듣자 이원은 즉시 수석 장교를 보내서 이렇게 전했다.

"오늘 마침 내가 사냥을 나와 귀댁의 근처에 머물게 되었습니다. 예의상 마땅히 가서 뵈어야 하겠지만 마침 군복을 입어서 감히 예를 다하지 못하는 바입니다. 바라건대 잠시 모시고 환담할 자리를 마련해 주시면 좋겠습니다."

김호성은 거만을 떨며 이원에게로 왔다. 마침내 자리가 마련되고 두 사람은 의례적인 몇 마디 말을 나누었다. 이원은 술에 고기를 몇 점 먹는 척하다가 옆에 차고 있던 칼을 빼 들어 김호성의 목에 겨누며 호통을 쳤다.

"네 이놈! 내가 오늘 사냥 나온 것은 바로 김호성이라는 짐승을 잡기 위함이었다. 이놈을 단단히 묶어라."

김호성은 갑자기 목에 칼이 들어오자 기겁을 하여 나자빠졌다. 이원은 김호성을 결박하여 말 등에 태우고는 병사들에게 승전곡을 연주하게 했고, 자신은 큰 말을 타고 취중에 죄인을 끌고 김호성의 집으로 들어갔다. 그러자 집안사람들은 줄에 묶인 채 산 송장처럼 표정이 굳은 김호성을 보고 눈이 휘둥그레졌다. 이원은 관아로 돌아와 그를 옥에 가두고 5~6일 만에 김호성이 차출해 간 곡식은 물론 이자까지 전부 셈하여 거둬들였다. 이원은 그제야 그를 석방하고 의관을 챙겨 주고서 자기 방으로 불렀다. 이원은 김호성에게 술한 잔을 따라 권하면서 이렇게 사과했다.

"공사를 시행하다 보면 개인적인 사정을 봐주는 일이 없는 법이니 부디 내 무례를 용서하길 바라오."

김호성은 아무 말도 못하고 두 손으로 잔을 받아 마시고는 허겁지겁 방을 빠져나왔다. 이 일이 있고 난 후 고을에서 권세깨나 부린다는 양반집은 모두 이원을 두려워하게 되었고 감히 그의 명을 어기지 못했다고 한다.

환상還上이란 각 고을에서 춘궁기에 백성들에게 곡식을 꾸어 주었다가 가을에 더 받아들이는 일을 말하며, 별환別還이란 특별하게 시행하는 환상을 말한다.

권력이 있는 집이면서도 재해를 당했다고 하거나 역사를 일으킨다는 핑계를 대며 사사로이 창고 곡식을 구걸하여 별도로 수십 석을 받고는 여러 해가 지나도 갚지 않는 일이 있었다. 이리하여 포흠逋欠:관청의 물건을 사사로이 써버리는 일을 이루는데, 이것을 유포라고 한다. 나라에 흉년이 들거나 경사가 있어서 묵은 환곡을 탕감할 경우가 있으면 수령은 사정을 써서 이 양반집에서 진 포흠을 탕감해 주는데 특히 기호지방畿湖地方:경기도 및 황해도 남부와 충청남도 북부 지방에 이런 폐단이 많았다고 한다. 따라서 목민관은 창고 열쇠를 단단히 쥐고 만백성이 다 함께 받게 되는 경우가 아니라면 창고 문을 열어서는 안 된다고 경고하고 있다.

백성들 스스로 농사에 재미를 붙이도록 하라

민 고 지 례   읍 각 부 동   기 무 절 제
民庫之例는 邑各不同하니 其無節制하고

수 용 수 렴 자   기 여 민 우 열
隨用隨斂者는 其瘝民尤烈이니라.

민고의 규례가 고을마다 각기 다른데 용도가 있을 때마다
무절제하게 마구 거두어들이는 것은 백성을 심하게 괴롭히는 일이다.

— 평부 平賦

어느 날 등문공이 맹자에게 나라를 다스리는 법에 대해 묻자, 맹자가 이렇게 대답했다.

"백성들의 생활에서 특히 농사일은 결코 소홀히 해서는 안 됩니다.《시경詩經》에 '낮에는 너희들이 나가서 풀을 베어 오고, 밤에는 새끼를 꼬아서 지붕을 서둘러 이어 놓아야 한다. 그렇게 해놓은 뒤에 비로소 곡식의 씨를 뿌려야 한다.'고 하여 농한기에 미리 집안에 관계된 일을 끝마치게 하고 농번기에는 농사에 열중하도록 했습니

다. 일반 백성들이 살아가는 데 있어서는 꾸준히 그 일에 종사할 수 있는 생업, 즉 항산恒産이 필요합니다. 그래야 항상 변치 않는 마음 상태, 즉 항심恒心을 유지할 수 있습니다. 왜냐하면 항산이 없으면 항심도 없어지기 때문입니다. 만약 항심이 없으면 자연히 방탕과 사치를 일삼고 모든 것에 부정적이고 외곬으로 빠져 자기 마음대로 하고 싶은 짓을 하게 됩니다. 이리하여 죄를 짓게 된 자를 법에 의해 형벌로 다스리는 일은 어찌 보면 백성들에게 미리 그물을 쳐놓고 걸려들면 잡아 올리는 일로써, 백성들을 속이는 일과 같은 것입니다. 어찌 인자한 분이 임금의 자리에 있으면서 백성들을 속이는 일을 할 수 있겠습니까? 그러므로 어진 임금은 반드시 남에게 겸손하게 하여 아래 신하를 다룰 때도 예의 바른 태도를 취하여, 백성들에게 세금을 거둘 때도 정해진 한계를 넘지 않도록 하는 것입니다.

노魯나라 대부 계씨季氏의 가신家臣:벼슬이 높은 사람의 집에 딸려 있으면서 그를 섬기는 사람을 말한다.인 양호陽虎는 '돈을 모으고자 하면 백성들에게 조세 같은 것을 무겁게 매겨야 하기 때문에 인덕仁德을 지키지 못하게 되고, 인덕을 지키고자 하면 백성들에게 조세 같은 것을 가볍게 매겨야 하기 때문에 돈을 모으지 못한다.'고 했습니다. 그래서 지금부터 백성들로부터 받아들이는 조세에 관하여 말씀드려 보겠습니다.

옛날 하夏나라에서 한 사람에게 오십 묘畝:면직을 나타내는 단위. 오늘날의 단위로 약 1500평 백 평 정도.의 밭을 주고, 공법貢法이라는 조세제도를 시행했습니다. 이 공법은 나누어준 오십 묘의 밭에서 여러 해 동안 수확

한 것을 평균 내어 그 십분의 일을 세금으로 거두는 제도였습니다.

옛날 은殷나라에서는 한 사람에게 칠십 묘의 밭을 주고, 조법助法이라는 조세제도를 시행했습니다. 이 조법이란 제도는 정전제井田制를 말하는 것으로, 여덟 가구가 함께 공전公田을 경작하여 거기서 나오는 수확물을 여덟 가구의 조세로 받아들이고, 그들이 각각 경작하는 사전私田에 대해서는 세금을 물리지 않는 제도입니다. 그리고 주周나라에서는 한 사람에게 백 묘의 밭을 주고, 철법徹法이라는 조세제도를 시행했습니다. 이 철법이란 제도는 공전과 사전을 구별하지 않고 수확량의 십분의 일을 세금으로 거두는 제도였습니다.

이 같은 세법들은 각기 명칭은 달랐지만, 모두 수확량의 십분의 일을 세금으로 거두었다는 것은 같았습니다. 여기서 철徹이란 공전과 사전 구별 없이 함께 같이 거둔 것을 평균한다는 뜻이고, 조助란 빌린다는 뜻으로, 백성들의 노동력을 빌려 공전을 경작케 한 세법이었던 것입니다.

옛 현인 용자龍子는 '농민을 다스리는 법 중에 가장 좋은 것은 조법이고, 가장 나쁜 것은 공법이다'라고 말했습니다. 말씀드린 대로 공법이란 여러 해의 수확물을 평균 내서 그것을 과세 표준으로 삼는 세법이었습니다. 그런데 풍년이 들었을 때는 곡식이 남아도는데도 세금을 조금만 거두어 가고, 흉년이 들었을 때는 곡식이 모자라는데도 정해진 세금을 거두어 갔습니다. 백성의 부모나 마찬가지인 한 나라의 임금이 되어서 백성들이 땀 흘려 일한 결과가 자기 부모조차 봉양할 수 없고, 굶어 죽는 노인과 아이들의 시체를 도랑과 구덩이에 뒹굴게 만든다면 어찌 백성의 부모라 하겠습니까?

왕도를 하는 데 있어서 중요한 것이 녹봉祿俸의 세습과 조법을 실시하는 것인데, 그 가운데 공신功臣의 자제에게 녹봉을 세습하는 제도는 원래 등나라에서도 시행하고 있었습니다. 따라서 지금 등나라에서 시행해야 할 것은 조법입니다. 《시경》에 보면 주대周代의 백성들은 '우리 공전公田에 먼저 비를 내려 주시고, 그 후에 우리 사전私

에도 비를 내려 주소서.'라고 하늘에 빌었다고 합니다. 공전은 조법에만 있는 것인데, 이 시로 예측하건대 백성들이 편안하게 살았던 주나라 때에도 조법이 실행된 듯합니다. 이처럼 조법은 가장 뛰어난 세법입니다."

7

禮典六條

———

예전 6조

牧民
心書

예절과 교육에 관하여 알아야 할 사항들

제문은 정성들여
손수 지어라

　　조선 현종 때 이단상이 청풍 부사가 되었을 때 '금수산 기우제문'을 손수 지었다. 제문의 내용은 다음과 같다.

　　"지극히 드러나지 않는 것은 신이고, 지극히 드러난 것은 사람이니, 드러나고 드러나지 않는 것의 차이는 있으나 그 이치는 같은 것입니다. 그러므로 신은 사람에게 느끼는 것이 있으면 반드시 감응하는 것이기 때문에 변변찮은 정성을 바쳐 신이 들어 주시기를 바랍니다. 금수산은 높디높고 못은 깊고 깊은데 항상 구름, 비를 일으켜 만물에 끼친 은택이 넓고도 넓습니다. 온 고을에 은택을 고루 펴서 이 백성들 살렸으니, 이 모두 신의 은혜인데 누가 신을 존경하지 않겠습니까? 어찌하여 근년에는 사방에 수확할 것 없게 하시어 백성을 주리게 하시나이까.

올해 봄에 씨앗 뿌려 묘판에 모가 나고, 보리는 이삭이 패어 가을에 추수하여 쌀밥 먹길 바랐는데 큰 가뭄이 몇 달을 극성부려 벼와 싹도 말라가고 이삭도 말랐으니 잠깐 내린 비에 무슨 수로 해갈이 되겠습니까? 구름은 항상 끼어 비가 올 듯하다가도 바람이 심술궂게 구름을 흩어 버려 하늘에는 햇볕이 다시 나니 어찌 이럴 수가 있습니까! 위에 계신 임금께서 밤낮으로 걱정이니 고을을 맡은 저는 벌을 받아 마땅하겠지요. 신께서는 이러한 때에도 은택을 베풀지 않으시니, 만백성은 입을 벌린 채로 구렁에 굴러 죽게 될 뿐입니다. 혹시 신께서 노여움이 있다면 이 몸에 벌을 주시고, 백성을 불쌍히 여겨 신의 은혜 내리시어 조화를 발동하여 천리에 비를 내려 마르고 시든 곡식을 소생시켜 신의 은혜 입히소서. 이때를 놓친다면 비를 줘도 소용없는데, 신께서는 어찌 비를 아껴 이 고을을 버리시겠습니까? 변변찮은 제물로 몸소 신께 바치오니 흠향하시고 이 땅에 비를 내려 주소서!"

다산 선생은 이 항목에 대해 이런 해설을 달았다.

'제문은 사언四言 : 四음音을 한 句가 낙 字로 이루어진 한시으로 지어야 읽는 소리가 조화를 이룬다. 자수와 문구가 고르지 못한 글은 읽어도 소리가 조화되지 않으며 시골의 축 읽는 자는 읽는 것이 서툴러서 사언의 글이 아니면 읽지 못한다. 사언이 아니라 하더라도 모두 운을 알아야 한다.'

기우제문 祈雨祭文은

의자신제 宜自新製이니

혹용구록 或用舊錄은

대비례야 大非禮也니라

牧民心書 —— 禮典六條

기우제의 축문은 마땅히 손수 새로 지어야 한다.
혹 전에 쓰던 것을 쓰는 것은 예에서 크게 벗어나는 일이다.
— 제사 祭祀

음식으로 고과 관리를 한 이유

빈 자　　　오 례 지 일　　　기 희 뢰 제 품
賓者는 五禮之一이라 其饎牢諸品이

이 후 즉 상 재　　　이 박 즉 실 환
己厚則傷財하고 己薄則失歡이니라.

선 왕 위 지 절 중 제 례
先王爲之節中制禮하여

사 후 자 부 득 유　　　박 자 부 득 감
使厚者不得踰하고 薄者不得減하나니

기 제 례 지 본　　　불 가 이 불 소 야
其制禮之本하여 不可以不遡也니라.

빈(賓)은 오례(五禮)의 하나다.
접대하는 물품이 너무 후하면 재물을 낭비하게 되고,
너무 박하면 환대의 뜻을 잃게 된다.
그러므로 선왕이 그것을 조절하고 알맞은 제도를 만들어
후한 경우라도 제도를 넘지 않고, 박한 경우라도 정한 제도 이하로 줄이지 못하게 했으니
그 예를 제정한 근본 뜻을 거슬러 올라가서 따지지 않으면 안 된다.

― 빈객 賓客

성종 때 인덕이 있는 한 사람이 지방의 목민관으로 있다가 중앙으로 들어와 높은 관직에 오르게 되었다. 평소 백성들에게 선정을 베풀기로 이름이 나 있던 터라 임금이 친히 그를 불러 물었다.

"내가 평소에 궁금하게 여기던 것이 하나 있어서 그러니 사실대로 답을 해 보시오. 그대는 아랫사람들에게 대접받는 음식을 가지고 고과를 측정했다고 하는데 그것이 사실이오?"

그는 다소곳한 어조로 대답했다.

"예, 그렇습니다."

그 말을 들은 임금은 몹시 불쾌한 표정을 지었다.

"그게 사실이었단 말인가? 아니 어떻게 입에 들어오는 음식을 가지고 부하들을 평가할 수 있다는 말인가?"

임금이 다시 묻자 그는 더욱 차분하게 대답했다.

"음식을 대접하는 일조차 공평하게 하지 못한다면 어찌 다른 일을 공평하게 처리하겠습니까?"

"오, 그런 뜻이 있었는가? 역시 그대가 백성들로부터 칭송을 받는 데는 이유가 있었구려."

임금은 고개를 끄덕이며 은은하게 미소를 지었다.

또한 같은 시대에 유남원이라는 사람이 있었다. 그는 나이가 들자 퇴직하여 집에 들어앉게 되었다. 그런데 그의 제자 중 한 사람이었던 어느 목민관이 관리들에게 맛있는 음식만을 요구했기에 부하 관리들은 그 일을 늘 고통스럽게 여기고 있었다.

어느 날, 그 사실을 알게 된 유남원이 그의 스승으로서 가만히 있는 것은 도리가 아니라고 생각하여 그를 깨우쳐 주어야겠다고 마음먹었다. 그래서 하루는 그를 불러다 놓고 점심때가 훨씬 지나도록 밥상을 들여오지 못하게 했다. 제자가 배가 고파 어쩔 줄 몰라 하자 유남원은 그제야 밥상을 들여오도록 일렀다.

상 위에는 밥 한 공기에 두부 한 접시뿐이었다. 그러나 그는 게 눈 감추듯 한 공기를 다 비우고 그것도 모자라 두 공기나 더 먹었다. 그는 그제야 자신이 너무 많이 먹었다는 사실을 알게 되었다.

잠시 뒤 유남원은 좋은 술과 음식을 들여오도록 일렀다. 하지만 진수성찬이 가득 차려진 상에서 그는 고기 몇 점만을 집어먹었을 뿐이었다. 그때 유남원이 은근히 말했다.

"저 고기는 아주 귀한 것일세, 맛을 좀 보게나."

하지만 제자는 손을 내저으며 말했다.

"지금은 배가 꽉 차서 더 이상 들어갈 데가 없습니다."

그 말을 들은 유남원이 빙그레 웃으며 타이르듯 말했다.

"원래 음식이란 좋고 나쁜 것이 없네. 배가 고프면 먹고 싶고, 배가 부르면 먹고 싶지 않은 것뿐일세. 제때에 먹느냐, 시간이 지나서 먹느냐에 따라 달라지는 것이 음식 맛이니 지나치게 집착할 필요가 없네."

제자는 그제야 스승의 가르침을 깨닫고 그 뒤로 그는 음식을 가지고 부하들을 괴롭히는 일이 없었다.

가장 기본적인 문제는 먹고사는 일

속 민 위 오　　　이 행 향 약　　　역 고 향 당 주 족 지 유 의
束民爲伍하여 以行鄕約도 亦古鄕黨州族之遺意니

위 혜 기 흡　　　면 이 행 지 가 야
威惠旣洽이면 勉而行之可也니라.

백성을 다섯 집으로 묶어 오(伍)로 만들어 향약을 행하는 것도
옛날의 향당이나 주족 제도를 본뜬 것이니 위엄과 은혜가 흡족하다면
힘써 행하는 것이 좋을 것이다.

－ 교민 敎民

《석담일기石潭日記》는 조선 명종明宗부터 선조宣祖 때까지 17년 동안 율곡粟谷 이이李珥가 경연經筵에서 강론한 내용을 적은 책이다. 이 일기에 이런 구절이 있다. 율곡 이이가 임금께 이렇게 아뢰었다.

"요즘 여러 관리들이 향약을 서둘러 시행해야 한다고 청했기 때문에 전하께서는 그것을 시행하고 계십니다. 그러나 저는 향약을 시행하는 시기가 너무 빨랐다고 생각합니다. 우선 백성들의 헐벗고 굶주리는 고통을 먼저 해결해야 하고 가르치는 일은 그다음에 해야

하는 것입니다. 일반 백성들의 살림살이가 지금보다 더 어려운 때가 없었으니, 먼저 그들의 심한 고통을 덜어 준 후에 향약을 시행하는 것이 순서입니다. 서로 덕을 나누는 것은 좋은 쌀과 고기와 같아서, 그것이 아무리 맛있고 좋은 음식이라 하더라도 비위가 상해 먹지 못하면 그만인 것입니다."

그러자 유희춘이 말했다.

"율곡의 말이 옳습니다."

그 말에 옆에 있던 허엽이 못마땅해하며 말했다

"어떻게 임금께 향약 시행하는 일을 멈추도록 권할 수가 있습니까?"

그러자 이이가 다시 말했다.

"입을 것과 먹을 것이 넉넉한 후에야 예의를 차리는 법이니, 굶주림에 떠는 사람에게 억지로 향약을 시행해 보아야 헛일입니다."

다시 허엽이 탄식하며 말했다.

"도덕이 땅에 떨어지는 것이나 번성하는 것에 나라의 목숨이 달렸으니 그것을 먼저 시행해야 하는 것 아니겠습니까?"

그 말을 받아 이이가 입을 열었다.

"경은 세상 사람들이 아무리 어렵고 고달프더라도 향약만 시행하면 태평성대를 충분히 이룰 수 있다고 생각합니까? 예로부터 먹고 살기가 도탄에 빠지고 난 후 예의를 지키는 것을 보았습니까? 아버지와 아들이 아무리 가까운 사이라 하더라도 한쪽으로는 날마다 학문을 권하면서도 다른 한쪽으로 서로 헐뜯는다면 사이가 벌어지기 마련인데 일반 서민들이야 오죽하겠습니까?"

허엽이 다시 말을 받았다.

"요즘 세상에는 착한 사람들이 많기 때문에 충분히 향약을 시행할 수 있을 것입니다."

이번에는 이이가 웃으며 말했다.

"경은 마음이 착하기 때문에 남들의 착한 면만 보고, 나는 마음이 착하지 못하니 남들의 착하지 못한 면만 보는 것 같습니다. 그러나 행동으로 가르치는 사람은 따르고, 말로 가르치는 사람에게는 따진다고 했으니 오늘날의 향약에는 따지는 것이 많지 않습니까?"

이 말에 허엽은 더 이상 입을 열지 못했다. 이이는 향약의 시행 자체를 거부한 것이 아니라 백성들에게 가장 기본적인 문제는 '먹고 사는 일'이라는 점을 강조했던 것이다.

땅보다는 형제의 우애가 더 중요하다

형제 불우　　효송무치자　　역고교지　　물용살지
兄弟不友하고 嚚訟無恥者도 亦姑敎之하여 勿庸殺之니라.

형제끼리 우애하지 않고 부끄러움이 없이 송사를 하는 자도
우선은 먼저 가르칠 것이며 함부로 죽이지 말아야 한다.

– 교민 敎民

　　송나라의 진한경이 위남을 다스릴 때, 마을에 우애가 좋은 형제
가 살고 있었다. 다른 일은 다툼이 없이 사이좋게 지냈으나, 땅을 놓
고는 서로 입장이 달랐다. 하루는 진한경이 형제를 불러놓고 토지
문서를 보며 아우가 옳기는 하지만 형에게 양보해야 한다는 결정을
내린 뒤 그 땅을 형에게 주었다. 그러나 형은 이렇게 말했다.

　　"저는 그 땅을 받을 수 없습니다. 전답 문제로 매일 우리 형제가
다투는 것은 잘못이 크기 때문입니다. 그래서 잘못을 뉘우치고 이

땅을 동생에게 돌려주고자 한 것이 벌써 수십 번이었는데 동생이 저렇게 고집을 부리고 있습니다."

그러자 이번에는 옆에 있던 동생이 나서서 말했다.

"저는 그 땅 말고도 전답이 많습니다. 그래서 형님께 드리려고 한 것인데 고집을 부리십니다. 제가 오죽하면 관청에 송사를 했겠습니까? 그 땅은 형님이 가지셔야 합니다."

그러면서 형제는 서로 붙들고 울면서 돌아갔다. 그 뒤로 고을 백성들이 진정으로 형제의 우애가 대단하다며 칭찬을 아끼지 않았다. 또한 조선 인조 때 윤전이 익산 군수로 있을 때도 형제끼리 송사를 주문하는 일이 있었다. 윤전이 그들을 불러 꾸짖으며 이유를 물었다.

"너희들은 무엇 때문에 매일 다투고 소송까지 했느냐?"

그러자 동생이 대답했다.

"아버지가 물려주신 땅이 있는데, 저한테는 하나도 주지 않고 모두 형이 차지했기 때문입니다."

윤전은 다시 형에게 물었다.

"무엇 때문에 재산을 나누어 주지 않는가?"

형이 대답했다.

"아버지의 유언이어서 감히 어길 수가 없어서 그랬습니다."

윤전은 곧 형을 크게 꾸짖으며 말했다.

"너에게는 참으로 큰 죄가 있구나. 또한 네 아비가 자식을 자식으로 여기지 않았던 것도 잘못이다. 옛사람 중에는 아버지가 임종하시며 정신이 혼미할 때 한 유언은 따르지 않는 사람들도 있었다. 그러니 네 재물을 아우에게 나누어 주어야 할 것이다. 너희들의 죄는 형벌로 다스려야 마땅하겠으나, 가르치지 않고 형벌을 내리는 것은 나의 부끄러움이기도 하니 그 일은 그만두겠다."

윤전은 이처럼 인류의 도리를 이야기하여 그들을 보냈다. 그랬더니 이튿날 형제가 다시 와서 재산을 고르게 나누겠다고 고했다. 또한 송나라의 여도가 동량 지방을 다스릴 때, 백성 중에 방씨 성을 가진 세 자매가 어린 동생의 땅을 몰래 차지했다. 그 동생은 장성하여 관청으로 와서 그 사실을 고했지만 소송이 받아들여지지 않아 남의 머슴을 살면서 가난하게 지냈다.

여도는 이 사실을 알고 세 자매를 불러 크게 꾸짖으며 심문했더니 마침내 죄를 자백했다. 동생은 눈물을 흘리며 절하고, 다시 찾게 된 땅의 반을 절에 바쳐 은혜에 보답하겠다고 말했다. 그러자 여도가 그에게 도리를 깨우치게 하는 말 한마디를 해주었다.

"네 세 누이는 모두 너의 동기다. 그러므로 네가 어렸을 때 너를 위하여 그 땅을 맡아서 관리했을 뿐이라고 생각하거라. 만약 네 누이들이 그렇게 하지 않았더라면 너는 아마 지금쯤 다른 사람에게 사기를 당하여 땅을 모두 날려 버렸을 것이다. 또한 그 땅의 반을 떼어 불공을 드린다고 했으나, 그것보다는 네 누이들에게 주어 다시 형제가 되는 것이 오히려 아름다운 일이 아니겠느냐?"

그러자 동생은 눈물을 흘리며 여도의 명에 따랐다.

8

兵典六條

병전 6조

牧民心書

국방에 관하여 알아야 할 사항들

쓸개를 핥으며 복수를 다짐하다

약 년 풍 비 이　　조 령 무 정
若年豊備弛라도　朝令無停하여

이 행 습 조　즉 기 충 오 식 장　　부 득 불 치 력
以行習操　則其充伍飾裝을　不得不致力이니라.

만약 풍년이 들어 방비가 완화되더라도,
군사 조련을 행하라는 명령이 멈추지 않는 한
대오를 채우고 장비를 갖추는 데 힘써야 한다.

－ 연졸 練卒

남의 집에 불이 나 혼란한 틈을 타서 도둑질을 하는 자들이 세상에는 많다. 이들은 상대방이 허점을 보이거나, 절대적인 위기에 빠져 있을 때를 틈타서 공격을 가하는 방법을 쓴다. 비록 졸렬한 방법이라고 비난할지도 모르지만, 자신이 방비를 제대로 하지 않는다면 언제 어느 때 허를 찔릴지 모를 일이다. 자신이 취할 태도가 어떠해야 하는지는 설명하지 않아도 좋으리라.

춘추 시대 말, 어느 날 오(吳)나라 왕 부차(夫差)는 그의 궁궐에 새 노

비를 들였다. 그 노비는 한순간도 쉬지 않고 하루 종일 말에게 먹일 여물을 썰고 물을 길어 오고 마당을 쓸었다. 그는 다름 아닌 오나라와의 전쟁에서 패한 월越나라의 왕 구천句踐이었다.

구천은 지성으로 3년 동안 부차에게 충성스러움을 보여 주어 마침내 고국인 월나라로 돌아올 수 있었다. 구천은 고국으로 돌아오자마자 복수를 위해 하나씩 준비를 시작했다. 우선 노쇠한 국력을 키우기 위해 인재를 고르는 데 각별한 노력을 기울였다. 그리고 한편으로는 군사를 훈련하는 데도 엄청난 노력을 기울였다.

구천은 백성들에게 모범을 보이기 위해 몸소 밭에 나가 일을 하기까지 했다. 그렇게 몇 년이 지나자 월나라의 국력은 예전에 비할 수 없이 강해졌다. 하지만 구천은 한순간도 긴장을 풀지 않았다. 그는 밤에는 짚으로 만든 돗자리를 깔고 잤으며, 수시로 방에 걸어둔 쓸개를 핥으며 부차를 향한 복수를 다짐했다. 여기서 나온 말이 바로 와신상담臥薪嘗膽이다.

드디어 20년이 지났다. 이제 월나라는 막강한 힘과 재물을 가진 나라로 성장했다. 그런데 그즈음 왕 부차는 정욕만을 탐닉하여 여인들과 함께 놀면서 시간을 보내고 있었다. 이를 알고 구천은 자기 나라의 최고 미인인 서시西施와 정단鄭旦을 부차에게 바쳤다.

그러자 두 여자의 미모에 빠진 부차는 매일 그녀들과 붙어 다니며 술을 마셨다. 또한 구천은 두 미인 말고도 우람한 나무를 베어 기술 좋은 목수를 딸려 부차에게 선물했다. 부차가 고소대姑蘇臺라는

117

휘황찬란한 성전을 증축한다는 정보를 입수했기 때문이었다.

부차가 정사를 돌보지 않고 방탕한 생활에 빠져 있는 것을 보고 노신 오자서伍子胥는 결코 월나라를 과소평가해서는 안 된다고 간언했지만 부차는 콧방귀를 뀌며 무시해 버렸다. 부차는 오직 천하를 제패할 야망으로 끊임없이 주변 국가에 병사들을 보내 공격하도록 명령했다. 하지만 그럴수록 국력은 약해지기만 했다.

마침내 구천에게 복수의 기회가 찾아왔다. 기원전 473년, 오나라에는 엄청난 가뭄이 들었다. 곡물 창고는 텅 비었고 백성들은 생계를 꾸려갈 방법을 찾지 못하고 있었다. 구천은 바로 지금이 공격할 기회라고 생각하고 그동안 비축해 두었던 군사력을 과시하며 거침없이 오나라로 쳐들어갔다.

마침내 구천은 부차를 사로잡아 고소대에 가두었다. 얼마 전까지만 해도 이곳 고소대에서 향응을 베풀며 즐겼던 부차가 이제는 온몸이 결박된 채 죄인의 몸으로 갇힌 신세가 되었던 것이다. 하루아침에 초라한 신세로 전락한 부차는 천하의 웃음거리가 된 사실을 비관해 결국 자살을 선택하고 말았다.

웃음 뒤에 감춘 칼을 조심하라

'소리장도笑裏藏刀'라는 말이 있다. 웃음 속에 칼을 감춘다는 뜻으로, 겉으로는 웃으면서도 속으로는 칠 생각을 가진다는 말이다. 즉 적들로 하여금 가식적으로 우호적임을 믿게 한 다음 적이 방비를 소홀히 할 때 속으로 계략을 세워 침범해 오는 것을 말한다.

전국 시대 때 진秦나라의 혜문왕惠文王은 패왕이 되고 싶었으나 제나라와 초나라가 연맹을 맺고 있어서 골치를 앓고 있었다. 하루는 조정에서 회의가 열렸는데 문무 대신들은 연맹에 대해 여러 가지 의견을 주고받았다.

그중 어떤 신하가 말하기를 우리 군대는 천하무적이니 우리의 말을 듣지 않는 나라는 공격해 없애야 한다고 주장했다. 그러자 전술가인 장의張儀는 아무 말 없이 심각한 표정으로 고개를 설레설레 흔들었다. 혜문왕이 이를 보고는 은밀히 장의를 불러 무슨 좋은 계략이 있느냐고 물었다. 그러자 장의가 자기 생각을 말했다. 장의의 말이 끝나자 혜문왕은 비로소 입가에 웃음을 물었다.

다음 날, 장의는 혜문왕의 명령을 받들고 초나라로 갔다. 그는 먼저 가지고 온 귀중한 예물을 초나라 회왕의 총신인 근상에게 바쳤다. 근상은 진나라가 자신을 후하게 대하는 것을 보고 매우 만족하게 여겼다. 그리고 다음 날 장의는 근상의 안내로 회왕을 알현했다. 자신의 충신이 옆에서 부추기자 회왕은 장의를 극진하게 대했다. 장의는 얼굴에 미소를 띠며 회왕에게 말했다.

"저희 왕께서는 진심으로 귀국과 왕래하기를 바라고 계십니다. 단지 한 가지 걸리는 게 있다면 대왕께서 제나라와 연맹을 맺고 있다는 점입니다. 만약 대왕께서 제나라와 절교를 하시면 우리나라 땅 600여 리를 떼어주시겠다고 하셨습니다."

그러자 회왕은 크게 기뻐하고 즉시 사람을 보내 제나라와 단교했다. 한편 제나라는 이 소식을 듣고 크게 노하여 진나라 혜문왕에게 사신을 보내 함께 연합하여 초나라를 치자고 제의했다. 혜문왕은 이를 흔쾌히 받아들였다.

며칠 뒤, 초나라 사신이 진나라로 약속한 토지를 받으러 갔다. 그러나 장의가 갑자기 태도를 바꿔 발뺌을 하며 이렇게 말했다.

"언제 그런 일이 있었소? 나는 6리라고 했지 600리라고 한 적이 없소. 생각해 보시오. 우리 진나라가 그렇게 많은 토지를 줄 이유가 없지 않소?"

초나라 사신이 돌아와 이를 보고하자 회왕은 발을 구르며 노발대발했다. 그리고 10만 군사를 보내 진나라를 공격했다. 하지만 이미 진_秦·제_齊 양국 연합군은 초나라가 쳐들어올 것을 알고 대비하고 있었다. 초나라는 앞뒤로 공격을 받아 대패하고 십만 대군은 겨우 3만밖에 남지 않게 되었다. 또한 초나라는 600리의 토지를 얻기는 커녕 반대로 자기네 옥토를 진나라에 빼앗겼다. 전쟁에서 대패한 뒤 초나라 회왕은 이렇게 말했다.

"교활하고 음흉한 장의야, 네가 웃음 속에 칼을 감춰 지금 내게 이런 고통을 주는구나!"

兵者는 兵器也라
병자 병기야

兵可百年不用이나
병가백년불용

不可一日無備니
불가일일무비

修兵者는 土臣之職也니라
수병자 토신지직야

牧民心書 ──── 兵典六條

병(兵)이란 병기(兵器)를 가리킨다. 병기는 백 년 동안 쓰지 않는다 해도
하루도 준비하지 않으면 안 된다. 병기를 관리하는 것은 목민관의 중요한 직무다.
── 수병 修兵

하늘도 속인 임기응변의 지혜

守^{수령}令은 乃^{내패부지관}佩符之官이라 機^{기사다불우지변}事多不虞之變하니
應^{응변지법}變之法을 不^{불가불예강}可不預講이니라.

목민관은 곧 병부를 가진 관원이어서 앞일을 예측하지 못할 변이 많다.
그러므로 임기응변의 방법을 미리 강구하지 않으면 안 된다.

— 응변 應變

사람은 심리상 자신이 익숙해져 있는 것에 대해서는 경계심을 갖지 않고 평범하고 쉽게 생각하게 되는데, 이러한 사람들의 허점을 이용하여 자신의 목적을 이루는 일이 허다하다. 따라서 항상 겸손해야 하고 자신의 조그만 재주나 능력을 과신해서도 안 되며 유사시에는 임기응변의 실력도 갖추고 있어야 지혜롭다 할 것이다.

당唐나라 제2대 황제인 태종太宗 이세민李世民은 정치에 힘써 '정관의 치治'라 불리는 번영의 시대를 이룩했던 인물이었다. 그러나 그

는 645년, 647년, 648년 세 차례에 걸쳐 대군을 이끌고 고구려를 침공했으나 모두 실패하고 돌아갔다.

바로 그 무렵의 일이다. 이세민은 고구려를 치기 위해 친히 30만 대군을 이끌고 요하에 도착했다. 그런데 날씨가 좋지 않아 바다에는 소용돌이가 무섭게 일고 있었다. 이세민은 그 소용돌이를 보자 감히 건너갈 생각을 하지 못했다.

이때 부하 장군 설인귀는 계책을 꾸몄다. 이세민에게 공포심을 덜어 주기 위해 바다에 호사한 장막을 치고 연회석을 베풀어 술을 마시게 하는 것이었다. 이세민은 요하의 거센 물살에 대한 공포를 잊고 밤새 술을 마시다가 곯아떨어졌다.

다음 날 그는 요란한 파도 소리에 놀라 깨어났는데 그때는 이미 배가 바다 한가운데를 지나고 있었다. 이리하여 당태종 이세민과 삼십만 대군은 배를 타고 무사히 요하를 건널 수 있었다. 여기서 '만천과해瞞天過海'라는 사자성어가 생기게 되었다. 즉 하늘을 속이고 바다를 건넌다는 뜻으로 하늘은 천자, 즉 황제 이세민을 말하는 것이다.

수비가 철저히 되었다고 생각하면 경계를 소홀히 하고 적을 가벼이 여기기 쉽다. 다시 말해 어떤 사물을 자주 보게 되면 그것에 익숙하게 되고 아무런 의심도 하지 않게 된다. 그리고 음모라는 것은 종종 매우 평범함 속에 숨겨져 있어 이를 분별해 내기가 쉽지 않다. 더구나 때로 소위 공명정대하다고 하는 것들 가운데도 검은 비밀이 숨겨져 있다.

　만천과해는 그러한 평범한 것, 늘 눈에 익어 전혀 의심하지 않는 것에도 주의를 기울이라는 교훈도 내포하고 있다.

남의 말을 쉽게 믿은 게 화근

와 언 지 작　　혹 무 근 이 자 기　　　혹 유 기 이 장 발
訛言之作은 或無根而自起하고 或有機而將發하니

목 지 응 지 야　　혹 정 이 진 지　　　혹 묵 이 찰 지
牧之應之也에 或靜而鎭之하고 或默而察之니라.

유언비어는 근거 없이 일어나기도 하고, 기미가 있어 생기기도 한다.
목민관으로서는 이를 조용히 진압하거나 묵묵히 관찰해야 한다.

– 응변 應變

잘 알려진 말로 '미인계美人計'라는 전략이 있다. 이는 미인을 이용해 상대의 마음을 흔들어 놓는 것을 말한다.

동한 말, 방년 9세의 헌제가 즉위했다. 동시에 포악한 동탁董卓은 스스로를 재상이라고 일컬었다. 그의 지배에서 정치는 부패해졌고 백성들은 비참할 정도로 가난한 삶을 살아야 했다. 동탁에게는 여포呂布라는 양아들이 있었는데 그는 매우 용맹스러웠으며 동탁의 일을 도와주고 있었다.

어느 날, 동탁이 문무 대신들을 연회에 초대했다. 그런데 그 자리에 여포가 황급히 들어와 동탁에게 몇 마디 귓속말을 속삭였다. 동탁은 여포의 말을 다 듣기가 무섭게 연회장에 있던 장온張溫이라는 대신을 밖으로 끌고 가게 했다. 잠시 후 밖으로 끌려 나갔던 장온의 머리가 피 묻은 쟁반 위에 놓여 연회장으로 들어왔다. 그러자 동탁은 비릿하게 웃으면서 말했다.

"장온이 나를 해치고자 한다는 정보를 입수했었소. 개의치 마시오."

그러나 연회장에 모인 관리들은 모두 놀라서 혼비백산했다. 연회장에 참석한 대신들 중에는 노신 왕윤王允도 끼어 있었는데, 눈앞에서 친구가 살해되는 것을 보자 슬픔과 분노가 치밀어 한달음에 집으로 돌아왔다. 왕윤은 집으로 돌아와 이후 밤늦도록 괴로워하면서 정원을 왔다 갔다 했다.

그때 정원의 나무 옆에서 누군가의 한숨 소리가 들려왔다. 왕윤이 가만 그 한숨 소리에 귀 기울여서 보니 바로 양녀 초선貂蟬이었다. 왕윤이 다가가 사연을 묻자 초선은 눈물을 흘리며 대답했다.

"아버님이 국사로 괴로워하시는 것을 보니 마음이 너무 슬픕니다."

왕윤은 초선의 어깨를 감싸 안으며 자신의 근심을 말해주었다.

"지금 동탁과 여포가 서로 결탁하여 갈수록 포악한 일만 저지르고 있구나. 동탁을 제거할 길은 그 두 사람을 이간질하는 방법밖에 없는 것 같은데 마땅히 방법이 떠오르질 않는구나."

그러자 초선이 결연한 표정을 지으며 말했다.

"제가 필요하시다면 언제든지 제 한 몸 바치겠습니다."

왕윤은 이내 고개를 가로저었으나 한참 생각을 하고 나서 입술을 깨물며 초선에게 말했다.

"갸륵하구나. 어린 네가 그런 생각을 하다니! 오냐, 네 뜻을 잘 알겠다."

다음 날, 왕윤은 술과 요리를 준비하여 여포를 집으로 초대했다. 초대에 응한 여포가 자리를 잡고 앉았을 때, 초선이 화려하게 치장을 하고 걸어 나왔다. 여포는 초선의 미모에 깜짝 놀라 단번에 마음을 사로잡혔다. 그때 재빨리 왕윤이 나서서 여포를 부추겼다.

"제 딸인데 마음에 차십니까? 청컨대 제 딸을 거두어 주시면 제 가문의 영광으로 여기겠습니다."

그러자 여포는 못 이기는 척하고 초선과의 혼인을 약속했다. 며칠 후 왕윤은 다시 집으로 동탁을 초대했다. 갖가지 보기 드문 요리들이 마련되었고 초선은 무희들과 어울려 우아한 춤을 추었다. 춤과 노래가 끝난 뒤 동탁이 초선을 가까이 오게 해서 그녀를 꼼꼼히 살펴보았다. 동탁 역시 단숨에 초선의 미모에 빠졌다. 그러자 왕윤이 재빨리 동탁에게 다가가 말했다.

"제 딸을 데려가서 시중들게 하고 싶으시면, 그렇게 하시지요."

그 말에 동탁은 매우 기뻐했고, 그 길로 초선과 함께 입궐했다. 며칠 후 여포가 동탁을 만나기 위해 그의 집을 찾아갔다. 그런데 그는 창문으로 동탁의 침실에서 머리를 다듬고 있는 초선을 보고 깜짝 놀랐다.

초선은 여포가 온 것을 알고 일부러 손수건을 꺼내 눈물을 닦았다. 그때 동탁이 들어왔고 여포는 슬그머니 물러날 수밖에 없었다. 여포는 생각하면 할수록 화가 났다. 그래서 곧바로 왕윤의 집으로 가 그의 멱살을 잡고 왜 초선을 동탁에게 주었느냐며 소리를 질렀다. 그러자 왕윤이 놀라는 표정을 지으며 말했다.

"무슨 말씀이십니까? 동탁 승상께서 장군과 직접 혼인을 시키겠다며 초선을 데리고 갔는데요! 장군께서는 그 사실을 몰랐단 말인가요?"

그 말에 여포는 할 말을 잃었고, 동탁을 심하게 욕하면서 가버렸다. 여포는 매일 초선의 얼굴이 아른거려 미칠 지경이었다.

어느 날, 동탁이 외출하고 없을 때를 이용하여 그의 집으로 찾아가 화원에서 몰래 초선과 만났다. 그런데 뜻밖으로 동탁이 예정된 시간보다 일찍 들어와 여포와 초선이 꺼안고 있는 광경을 보게 되었다. 화가 난 동탁은 칼을 빼 들고 여포를 죽이려 했다. 여포는 재빨리 왕윤의 집으로 도망쳤다. 왕윤은 허둥대는 여포에게 이렇게 말했다.

"동탁은 장군을 죽일 게 뻔합니다. 먼저 그를 죽여야만 삽니다."

그러자 여포가 이를 갈며 말했다.

"만약 내가 동탁을 죽이지 않는다면 나는 진짜 사내가 아니다!"

왕윤은 때가 왔다고 생각하고 전략을 짜기 위해 옛 대신들과 모임을 가졌다. 그들은 천자가 황제 자리를 동탁에게 준다는 가짜 옥쇄를 만들었다. 동탁은 기뻐하며 옥쇄를 받으러 대궐 문으로 들어섰다. 그때 매복해 있던 병사들이 그를 둘러쌌다. 그리고 번개같이 여포가 나타나 창으로 동탁의 목을 베었다. 그 후 동탁의 목이 장안에 걸렸다.

빈 성으로 적을 교란한 지혜

병법왈허이시지실   실이시지허
兵法曰虛而示之實과 實而示之虛라 하니

차우수어자   소의지야
此又守禦者는 所宜知也니라.

병법(兵法)에 '허하면 실한 것처럼 보이게 하고, 실하면 허한 것처럼 보이게 한다'고 했다.
이 또한 방어하는 자라면 알고 있어야 한다.

- 어구 禦寇

당나라 현종이 즉위할 무렵 수만 명의 토번 기병들이 하늘에서 내려온 것처럼 갑작스럽게 하서에 있는 과주성으로 쳐들어왔다. 과주성의 성주는 서둘러 병력을 모았으나 겨우 몇백 명에 불과했고, 그때는 이미 토번 기병들이 성문을 부수고 물밀듯이 쳐들어온 뒤였다. 토번군들의 숫자는 엄청나게 많아 도저히 당해낼 수가 없어 병사들은 전부 전사했고, 가옥의 절반 이상이 불탔다. 토번군들은 과주성에서 사흘간 머물다가 보석과 여자들을 데리고 빠르게 언덕 너머로 철수했다.

며칠 후, 새로 부임한 장수규는 노략을 당한 과주성에 입성해 비참한 광경을 보게 되었다. 아직도 불은 꺼지지 않았고 검은 연기가 하늘을 덮고 있었다. 그의 첫 소임은 성이 약탈당한 이후 떠났던 백성들을 다시 불러 모으는 일이었다. 그는 남은 백성들에게 정신을 가다듬고 적의 재습격에 철저히 대비할 것을 지시했다. 그런 후 천여 명의 군사를 풀어 성곽과 집을 보수하도록 했고, 새로 만든 초가집에는 노약자들이 들어가 살도록 했다.

그러던 어느 날, 경계병이 황급히 장수규에게 달려와 보고했다.

"지금 토번의 군사들이 다시 쳐들어오고 있습니다!"

장수규가 서둘러 망루로 올라가니 멀리 먼지 소용돌이를 일으키며 달려오는 한 무리가 보였다. 토번 기병들이 말을 타고 들판을 가로질러 성으로 향해 오고 있었다. 과주성은 다시 공포에 휩싸였다. 병사와 백성들이 장수규 앞으로 달려가 어떻게 해야 하는지를 물었다. 장수규는 미리 생각해 놓은 방안이 있었는지 모든 사람들을 안심시킨 뒤 이렇게 말했다.

"우리는 지금 병력이 너무 적습니다. 따라서 토번의 군사들과 맞붙어 싸울 수 없으니 지금부터 공성 전략을 펼칠 생각입니다."

"공성 전략이요? 그럼 저희는 어떻게 해야 합니까?"

"지금부터 내 지시에 따라 행동하면 됩니다. 만약 한시라도 방심하면 성공을 거둘 수 없으니 정신 바짝 차리기 바랍니다."

장수규가 말을 마쳤을 때, 성안의 군사와 백성들은 여러 무리로 나뉘어졌다. 드디어 토번의 기병들이 성 가까이에 다다랐다. 그때 갑자기 토번의 두목이 뒤따라오는 군사들에게 손을 들어 멈추라는 신호를 보냈다. 성안에서 이상한 일이 벌어지고 있었기 때문이었다. 아직 채 보수가 되지 않은 부서진 성안에서는 장군들이 연회를 펼치고 있었고, 백성들도 여느 때처럼 농기구를 정리하며 자기 일을 하고 있었던 것이다. 그러자 토번군 두목은 분명히 음모가 숨어 있을 거라고 생각했다.

　　'성 뒤에 대군이 잠복해 있는 게 분명해. 그렇지 않고서야 어떻게 저렇게 태연할 수 있는가?'

　　토번군이 급히 말머리를 돌려 뒤로 물러나려 하자, 갑자기 두 무리의 기병대가 고지대로부터 번개처럼 내려와 공격을 가했다. 토번군은 갑자기 들이닥친 장수규 군대의 공격을 받고 이렇다 할 공격한번 해보지 못한 채 후퇴하기에 급급했다. 과주성을 지켜낸 군사와 백성들은 모두 장수규의 냉철한 판단력과 지력을 칭송했다.

9

刑典六條

형전 6조

牧民
心書

공평한 형법 집행을 위해 필요한 사항들

이에는 이, 눈에는 눈

범유소송   기급질분고자
凡有訴訟에 其急疾奔告者는

불가경신   응지이완   서찰기실
不可傾信하고 應之以緩하여 徐察其實이니라.

소송이 있을 경우 급히 달려와서 고하는 것을 그대로 믿어서는 안 된다.
이에 응하기를 여유 있게 하여 천천히 그 사실을 살펴야 한다.

— 청송 聽訟

고려 시대 때의 문신이었던 이보림은 여러 가지 어려운 민원이 제소될 때마다 슬기로운 재판으로 백성들로부터 두터운 신임을 얻은 것으로 유명하다.

어느 날, 한 나그네가 끌고 가던 말이 갑자기 남의 보리밭으로 뛰어 들어가 이삭을 마구 뜯어 먹는 바람에 그 밭 주인이 변상을 요구하는 사건이 벌어졌다. 그런데 밭 주인의 변상 요구에 대해 말 주인은 억지 변명을 하며 버텼다.

"내가 보리를 뜯어먹은 것도 아니고, 말 못하는 짐승이 한 짓인데 내가 왜 변상을 해야 하오? 말이 오죽 배가 고팠으면 보리 이삭을 뜯어 먹었겠소? 사람 인심이 그렇게 야박하다니."

그러면서 말 주인은 오히려 밭 주인의 야박한 인정을 탓했다. 화가 치민 밭 주인은 그를 끌고 이보림 앞으로 갔다. 자초지종을 듣고 난 이보림이 두 사람에게 명했다.

"밭 주인은 그대로 서 있고, 말 주인은 땅바닥에 앉도록 해라."

두 사람은 이상하게 생각했지만 시키는 대로 했다. 그러자 이보림이 명령을 내렸다.

"자, 이제부터 달리기 시합을 할 테니 준비를 단단히 해라. 만약 뒤처지는 자는 곤장을 칠 테니 그리 알라."

말 주인은 앉은 상태에서 있는 힘을 다해 달려 보았지만 서서 달리는 밭 주인을 따라잡을 수는 없는 일이다. 조금 뒤 나그네는 땀을 뻘뻘 흘리며 볼멘소리를 했다.

"이것은 너무 불공평한 시합입니다. 앉은 상태에서 어떻게 서서 뛰는 사람을 이길 수 있겠습니까?"

그러나 이보림은 시합에서 진 말 주인에게 곤장을 치라고 명했다.

"아직도 네 잘못을 깨닫지 못했구나. 물론 네가 밭 주인을 따라잡을 수 없다는 사실을 모르는 바 아니다. 하지만 그런 억지를 부린 것은 네가 먼저였고, 나는 단지 억지를 쓰는 너를 나도 억지로 대한 것이니 내겐 큰 잘못이 없다."

곤장을 맞고 난 뒤 말 주인은 밭 주인에게 변상을 해주고서야 관
가를 나올 수 있었다.

네 명의 동업자와 고양이

청 송 여 류　유 천 재 야　기 도 위
聽訟如流는 由天才也나 其道危니라.

청 송 필 핵 진 인 심 야　기 법 실　고　욕 사 송 간 자
聽訟必核盡人心也 其法實이라 故로 欲詞訟簡者는

기 단 필 지　위 일 단 이 불 복 기 야
其斷必遲이니 爲一斷而不復起也니라.

송사 처리를 물 흐르는 것과 같이 쉽게 하는 것은 타고난 재질이 있어야 하지만,
그 방법은 몹시 위험하다. 송사 처리를 분명하고 확실하게 하는 것은
마음을 다하는 데 있으나 그 법이 사실에 꼭 맞아야 한다.
그러므로 송사를 간결하게 하려는 사람은 그 판결을 반드시 더디게 하는데,
이는 한 번 판결하면 다시 그런 일이 일어나지 않도록 하기 위함이다.

― 청송 聽訟

각자의 돈을 투자해 목화 동업을 하고 있는 네 장수가 있었다. 그들은 싼 목화가 있으면 돈을 주고 사서 큰 광 속에 보관해 두었다가 값이 오르면 내다 팔곤 했다. 그런데 이 광에는 쥐들이 우글거려 목화를 어지럽히기도 하고 오줌을 싸기도 하여 여간 귀찮지 않았다. 목화 장수들은 궁리 끝에 돈을 똑같이 부담하고 고양이 한 마리를

사다가 광 속에다 넣어 두었다. 그러고는 공동 책임을 지기 위해 고양이의 다리 하나씩을 자기 몫으로 정해 보살피기로 했다.

어느 날, 고양이가 다리 하나를 다쳐 딛지 못한 채 들고 다녔다. 그 다리를 맡은 목화 장수는 고양이의 상처에 산초기름을 소금에 찍어 바르고 동여매 주었다. 그런데 그것이 화근이 되어 일이 벌어지고 말았다. 마침 겨울철이라 추위를 못 견딘 고양이가 아궁이 옆으로 가 불을 쬐었는데, 깜박 조는 사이 다리에 싸맨 기름에 불이 붙었던 것이다. 고양이는 깜짝 놀라 성한 세 다리를 바삐 움직여 목화를 쌓아 둔 시원한 광 속으로 도망쳤고 그 바람에 목화 더미에 불이 붙어 더욱 큰 불이 일어났다. 목화 더미는 금세 새까만 잿더미로 변했고 고양이도 그 불에 타 죽고 말았다. 그러자 고양이의 성한 다리를 맡고 있던 나머지 세 명의 목화 장수는 불평을 늘어놓았다. 그들은 고양이의 아픈 다리를 맡고 있던 친구에게 하필이면 불이 잘 붙는 산초기름으로 다리를 싸주었느냐며 목화 값을 물어내야 한다고 주장했다.

마침내 목화 장수 네 사람은 고을 사또에게 판결을 맡기기로 했다. 양쪽의 이야기를 다 듣고 난 사또는 한참 동안 생각한 끝에 입을 열었다.

"이번 화재로 인해 피해를 본 사람은 너희들 세 사람이 아니라 저 사람이다. 그러니 너희들이 오히려 목화 값을 물어주어야 한다."

"사또, 그게 무슨 말씀입니까?"

세 사람은 한결같이 사또의 판결에 얼이 빠진 표정을 지었다. 그러자 사또는 차근차근 까닭을 일러주었다.

"잘 들어 보거라. 고양이가 아픈 다리에 불이 붙었더라도 그 아궁이 옆에만 있었으면 광 안에 있는 목화에까지 불이 붙지는 않았을 것이다. 내 말이 맞느냐?"

"예."

세 사람이 입을 모아 대답했다.

"그럼 내가 너희들에게 묻겠다. 불이 붙은 고양이가 그때 광으로 도망을 쳤는데 어느 다리를 디디며 도망을 쳤느냐?"

"그야 나머지 성한 세 다리로 도망을 쳤겠지요."

"그렇다면 너희들이 맡은 고양이의 그 성한 세 다리가 광으로 가지만 않았다면 목화에 불이 붙지 않았을 게 아니냐? 그러니 광에 불이 난 것은 너희 세 명이 맡은 그 성한 세 다리 때문이다. 그러니 목화 값을 저 사람에게 물어 주도록 해라."

사또의 명령에 세 사람은 꼼짝없이 목화 값을 변상해줄 수밖에 없었다.

진짜 범인을 알아본 소

우 마 지 송　　성 명 소 출　　　고 인 유 의　　기 서 효 지
牛馬之訟은　聲名所出이니　古人遺懿를　其庶效之니라.

소나 말에 관한 송사는 명성을 얻을 수 있는 것이니,
옛사람들이 남긴 아름다운 법을 본받아야 한다.

－ 청송 聽訟

고려의 문신 이보림은 공민왕 때 제도 개혁을 위한 여러 상소를
올렸으나 재상들의 반대로 실패를 한 인물이다. 하지만 1359년에
남원 부사가 되어 백성들을 위한 올바른 재정 계획을 정하여 시행
했다. 또한 경산 부사京山府使로 자리를 옮겨가서는 백성들이 올린
갖가지 민원을 슬기롭게 처리하여 좋은 평판을 얻었다.

하루는 이보림이 관청에서 일을 보고 있는데 한 농부가 소란스럽
게 뛰어 들어오더니 머리를 조아리며 말했다.

"저희 집에서 기르는 소의 혀가 잘려 나갔습니다. 제가 보기에는 이웃집 사내의 소행인데 그자는 자기가 한 일이 아니라고 발뺌을 하고 있습니다."

이보림은 잠시 생각에 잠겼다. 말 못하는 소에게 범인을 물어볼 수도 없는 일이고, 현장을 목격한 사람도 없는 상황인지라 농부의 말만 믿고 이웃집 사내를 붙잡아 들일 수도 없는 일이었다. 한참 고민하다가 이보림은 한 가지 묘안을 생각해냈다.

"여봐라, 가서 농부의 이웃에 사는 사람들을 모두 데리고 오너라."

포졸들은 명령에 따라 급히 가서 농부네 마을 사람들을 전부 관가로 데리고 왔다. 그리고 혀가 잘린 농부의 소도 끌고 왔다.

"지금부터 소의 입에다가 물통을 대주는데, 소가 물을 먹으려고 하면 즉시 물통을 치워 단 한 방울도 먹지 못하게 하라."

이보림의 명령에 따라 마을 사람들은 한 사람씩 물통을 들고 소의 입에다 들이댔다. 그렇게 수십 명이 지나가자 소는 더욱 갈증을 느껴 크게 울었다.

마침내 농부가 의심하고 있는 이웃집 사내의 차례가 되었다. 그도 다른 사람들처럼 소의 입에다가 물통을 들이댔다. 그러자 소는 반가운 듯 목을 길게 빼내어 물을 마시려고 대들다가 갑자기 이상한 반응을 보였다.

"음매!"

농부의 소가 기겁을 하며 뒷걸음질을 치는 것이었다. 그때를 놓치지 않고 이보림이 호령했다.

"저놈을 당장 오랏줄로 묶어라."

온몸이 꽁꽁 묶인 사내는 이보림 앞에 꿇어앉아 범행 사실을 털어놓았다. 그는 농부의 소가 자기 논에 쌓아 놓은 볏단을 뜯어 먹자 화를 참지 못하여 소의 혀를 잘랐다는 것이었다.

곤장보다는 사랑으로 다스려라

고 지 인 목　　필 완 형 벌　　재 지 사 책　　방 휘 복 연
古之仁牧은 必緩刑罰하여 載之史策하여 芳徽顯然이니라.

옛날의 어진 목민관은 반드시 형벌을 완화했다.
그것에 관한 내용이 역사에 실려 있어 아름다운 이름이 길이 빛나고 있다.
– 신형 愼刑

예부터 어진 목민관은 사람에게 형벌을 가할 때 아름다운 마음을 가진 자들이 많이 있었다. 후한 때 유관이라는 목민관은 세 고을을 계속하여 다스렸다. 그는 성품이 온화하고 인자하여 가벼운 죄를 지은 자들을 용서하는 일이 많았다. 그는 평소에 죄인들을 다스릴 때 이렇게 말했다.

"형벌로써 죄를 다스리면 백성들은 죄만 면할 뿐 수치심은 느끼지 못한다."

그러면서 아전과 백성들이 과실이 있으면 그저 버들가지 채찍으로 벌하여 욕을 보일 뿐이었다. 그리고 송나라의 이봉은 연릉의 목민관으로 있을 때 형벌을 이렇게 시행했다. 백성이 죄가 있으면 형장을 가하지 않고 다만 중요한 부위만 가리고 옷을 홀딱 벗게 하여 몹시 부끄러움을 느끼도록 만들었다. 그랬더니 죄를 범하는 자들이 많이 줄어들었다.

또한 당나라 때 소유공이 목민관으로 있을 때는 곤장을 치는 벌을 차마 시행하지 못했다. 그러자 고을의 백성들은 서로 약속을 하면서 이렇게 말했다.

"우리 고을에서 곤장형의 죄를 범하는 자는 우리들이 나서서 반드시 물리치도록 합시다."

오히려 곤장을 치지 않아도 백성들이 스스로 나서서 죄를 짓지 않으니 소유공이 고을을 다스리는 동안은 늘 평화로웠다고 한다.

또한 조선 효종 때의 목민관 조극선도 죄인을 다스리게 될 때마다 몹시 슬퍼했고, 곤장을 치는 것을 보며 즐기지 않았다고 한다. 그는 죄인을 다스릴 때마다 이렇게 말했다고 한다.

"때리는 사람도 이처럼 괴로운데 맞는 사람이야 얼마나 고통이 크겠는가! 다만 나라의 법을 어겼으니 오직 그것이 불쌍할 뿐이다."

옥중에서 갖게 된 아이

구 수 리 가　　　생 리 수 절 자　　　체 기 정 원　　　이 시 자 혜
久囚離家하여　生理遂絶者는　體其情願하여　以施慈惠니라.

장기 죄수가 집을 떠나 있어 자녀를 낳을 수 없는 상황에 놓인 경우에는
그 정상과 소원을 참작하여 자애와 은혜를 베풀어야 한다.

― 휼수 恤囚

　　후한 때 오우라는 목민관이 교동 땅을 다스렸을 때의 일이다. 안구 지방에 사는 관구장이라는 사람이 그의 어머니와 함께 장을 보던 중이었다. 그런데 갑자기 술 취한 사람이 다가와서는 다짜고짜 어머니를 끌어안고 욕을 보이는 것이었다.

　　"아니, 이런 미친놈을 보았나?"

　　관구장은 졸지에 당한 일이라 경황이 없어 우선 그 남자를 어머니에게서 떼어내었다. 그러나 남자는 곧바로 다시 어머니에게 달려

들어 입을 맞추고 옷을 벗기려고 했다. 관구장은 어이가 없어 주위를 두리번거리다가 마침 옆의 가게에 있던 도끼를 들고 그자를 내리쳤고 그는 그 자리에서 피를 흘리며 죽고 말았다. 관구장은 그 길로 관가로 가 자수를 했다. 제 발로 걸어 들어온 관구장에게 오우가 죄를 묻던 중에 이런 말을 했다.

"너는 처자가 있느냐?"

관구장은 눈물을 흘리며 대답했다.

"예, 아내는 있으나 아직 아들은 없습니다."

그러자 며칠 뒤 오우는 관구장의 집으로 공문을 보내 그의 아내를 관가로 데려오게 했다. 그리고 그날 밤에 관구장을 묶고 있던 줄과 수갑을 풀어 주고 그의 아내와 함께 옥중에서 동침하도록 배려해주었다. 그렇게 며칠 동안 부부가 함께 밤을 보낸 뒤 아내는 집으로 돌아갔다.

그로부터 몇 달에 지난 뒤 관구장은 아내가 마침내 임신을 했다는 소식을 접하게 되었다. 살인자로서 죽음을 면할 길이 없는 관구장은 한편으로는 기뻤지만 한편으로는 서러운 자기 신세를 한탄했다.

그러던 어느 날 마침내 교수형의 날짜가 잡히자 관구장은 손가락을 깨물어 종이 위에 글을 적어 아내에게 보냈다. 아내는 그의 편지를 받아보고는 남편의 죽음을 더욱 애통하여 울부짖었다. 편지에는 이렇게 적혀 있었다.

'반드시 오우에게 은혜를 갚아야 하오.'

10

工典六條

공전6조

나라를 부강하게 만들기 위한 방법들

산림을 살피는 데
게으르지 마라

　조선 시대의 산림을 지키는 일에서 가장 중요한 것이 바로 '소나무'를 지키는 일이었다. 그 이유는 우리나라의 목재 중에서 가장 중요하게 여겼던 것이 소나무였기 때문이고, 또 우리나라에는 좋은 목재가 흔하지 않아 집을 지을 때나 공공건물을 지을 때면 늘 소나무를 사용했기 때문이다.

　다산은 "봉산封山에서 키우는 소나무는 지켜야 할 엄중한 금령이 있으니 목민관이라면 이를 마땅히 조심해야 하며 폐단이 있다면 세밀히 살펴 처신해야 한다"고 했다. 봉산이라 함은 나라에서 관리하는 별도의 산으로 일반 백성이 수목을 채취하는 것이 금지된 산을 말한다. 그러나 이러한 제한은 백성들에게 큰 고통을 주었다.

　그는 어느 날, 백련사 서쪽 석름봉이라는 곳에서 소나무를 뽑는 중에게서 '송정의 폐단'에 대한 이야기를 듣고 〈승발송행僧拔松行〉이라는 시를 지어 백성들의 괴로움을 표현했다. 이 시에서 다산은 바람에 꺾인 소나무를 가져다 절에 왔는데 이 소나무를 가져온 중들을 때리며 책임을 물어 1만 냥을 빼앗아 간 아전의 행위와 왜적을 방비하기 위한 거대한 배를 만들기 위해 소나무를 베어간 뒤 배는 만들지 않고 방치했다는 한 지방관의 행위를 비판하는 내용을 담았다.

소나무와 더불어 정약용은 "지방에서 나는 보물을 함부로 채굴하여 백성들에게 해가 되는 일이 없도록 하라"고 말했다. 보물이 나는 곳에는 항상 그 지방 백성들의 뼈를 깎는 노동이 들어가 있음을 관리들이 알아야 한다는 의도로 한 조언이었다. 이른바, 지방에서 나는 보물이란, 경주에서 나는 수정이나 성천에서 나는 황옥, 면천에서 나는 오옥, 장기에서 나는 뇌록, 남포에서 나는 벼룻돌, 흑산도에서 나는 석웅황 등을 일컫는다. 이러한 보물이 나는 곳에는 모두 백성들의 노력이 있으므로 각 지방을 관리하는 목민관이나 이곳을 지나는 수령들은 보물을 요구하지 말 것이고, 요구하는 자가 있더라도 함부로 채굴하지 말 것이며 돌아가는 길에 한 조각이라도 몰래 짐 속에 넣어 가서는 안 된다고 말했다.

그래야 청렴하고 하늘에 우러러 떳떳한 관리라 할 것이다.

土産寶物은
토산보물

無煩採掘하여
무번채굴

以爲民病이니라
이위민병

牧民心書 —— 工典六條

그 지방에서 산출되는 보물을 이렇다 저렇다 하며 마구잡이로 캐내고 만다면
백성들에게 병폐가 될 수 있으니 그런 일이 없도록 해야 한다.
- 산림 山林

물을 다스리는 일이 가장 중요하다

川澤者는 農利之所本이니 川澤之政을 聖王重焉이니라.

시내와 연못은 농사 이익의 근본이므로 옛날의 훌륭한 임금은
천택에 대한 정사를 소중하게 여겼다.

— 천택 川澤

중국 춘추 시대 때 신농씨神農氏의 학설을 표방하고 다니던 허행許
行이라는 사람은 초楚나라에서 등滕나라로 찾아와 궐문 앞에서 문
왕에게 청원을 올렸다.

"저는 먼 곳에서 임금께서 어진 정사를 펴신다는 소문을 듣고 이
렇게 찾아왔습니다. 바라옵건대 작은 집 한 채를 하사받아 이 나라
의 백성이 되고자 하오니 허락해 주십시오."

문왕은 그의 청대로 거처할 집을 마련해 주었고, 그는 데리고 온

수십 명의 사람들과 함께 검소한 옷을 입고 짚신과 돗자리 등을 짜서 내다 팔아 생계를 이어갔다.

한편 유가儒家의 한 사람이자 초나라 진량陳良의 제자인 진상陳相은 그의 아우 진신陳辛과 함께 농기구를 메고 송宋나라에서 등나라로 찾아와 또 문왕에게 청원을 올렸다.

"저희는 임금께서 성인의 어진 정치를 행하신다고 들었습니다. 성인의 뜻을 받들어 어진 정치를 펴시는 임금께서는 또한 성인이 아닐 수 없습니다. 바라옵건대 저희도 성인의 백성이 되고자 하오니 허락하여 주십시오."

그리하여 진상도 허락을 받아 등나라에서 살게 되었다. 그 뒤 진상은 허행을 알게 되었고, 허행의 학설을 듣고 크게 감명받아 그때까지 지녀온 자기 학설을 모두 버리고 그의 제자가 되었다.

하루는 진상이 맹자를 찾아와서 일전에 허행이 자신에게 했다는 말을 이렇게 전했다.

"제 스승께서는 제게 '등문공께서는 현명한 임금이시긴 하지만 아직 도道에는 밝지 못하신 것 같다. 진정 현명한 임금이라면 백성과 함께 밭을 갈아 거기서 수확한 것을 먹고, 끼니도 손수 지어 정치를 하는 법이다. 지금 등나라에는 백성들에게 세금으로 거둬들인 곡식과 재물을 쌓아 두는 창고가 있다. 이것은 임금이 백성들로부터 착취를 하고 있다는 증거이니 어찌 현명한 임금이라 하겠느냐.'고 말씀하신 적이 있습니다."

이 말을 듣고 맹자가 진상에게 물었다.

"허행 선생은 꼭 손수 곡식을 가꾸어서 드시오?"

진상이 대답했다.

"그렇습니다."

"그럼 허 선생은 꼭 손수 베를 짜서 옷을 해 입소?"

"그렇지는 않습니다. 제 선생께서는 털옷을 입고 지내십니다."

"그럼 허 선생은 평소에 관을 쓰시오?"

"예, 관을 쓰고 지내십니다."

"어떤 관을 쓰시오?"

"아무런 장식도 없고 색도 없는 소박한 관을 쓰십니다."

"그럼 그 관은 손수 만든 것이오?"

"그렇지 않습니다. 손수 농사지은 곡식과 바꾼 것입니다."

"왜 손수 관을 짜서 쓰지 않는 것이오?"

"손수 관을 짜면 농사짓는 데 방해가 되기 때문입니다."

"그럼 허 선생은 솥이나 시루에 밥을 짓고 쇠붙이로 만든 농기구로 밭을 가시오?"

"그렇습니다."

"그것들도 선생이 손수 만든 것이오?"

"그렇지 않습니다. 역시 손수 농사지은 곡식과 바꾼 것입니다."

"그렇다면 내가 묻겠소. 자신이 경작한 곡식을 가지고 그릇이나 농기구와 교환한다고 해서 도공이나 대장장이에게 해를 입히는 것은 아닐 것이며, 도공이나 대장장이 역시 자신들이 만든 그릇이나 농기구를 가지고 곡식과 교환한다고 해서 농부에게 손해를 입힌다고는 할 수 없을 것이오. 그런데 허 선생은 자신이 필요한 것은 자신이 만들어 써야 한다고 주장하니 그렇다면 그릇이나 농기구도 손수 만들어서 창고에 저장해 두었다가 쓸 일이지 왜 번거롭게 여기저기 다니면서 교환해 쓰는 것이오? 허 선생은 그런 번거로움을 싫어하지 않는 성격이오?"

"여러 기술을 갖는 것은 복잡한 일이므로 농사를 지으면서 그런 일까지 할 수야 없는 일이지요."

"그렇다면 천하를 다스리는 일만이 유독 농사를 지으면서 할 수 있는 일이라는 말이오? 무릇 직업이란 각각 구분이 되어 있는 법이니, 윗자리에 있는 사람들이 할 일이 따로 있고 아랫사람이 할 일이 따로 있는 것이오. 즉 정치하는 사람과 농사짓는 사람의 할 일이 따로 있다는 말이오. 사람이 살아가는 데는 각 분야의 기술자들이 만든 온갖 물건들이 필요하기 마련인데 만약 이런 물건들을 각자가 손수 만들어서 쓴다면, 이것은 천하의 사람들을 모두 지쳐서 쓰러지게 만드는 일밖에는 되지 않을 것이오.

옛날 요임금 때의 천하는 아직 안정되지 않아서 홍수가 천하에 범람했고, 초목은 제멋대로 우거져 금수가 마구 불어났으며, 오곡은 여물지 못하고 금수가 민가에까지 침범하여 그 발자국이 서울 안에까지 나 있는 상태였소. 요임금께서는 이런 상태를 크게 근심하여 신하들 중에서 순_舜을 등용하여 사태를 수습하게 하자 순은 먼저 익_益에게 불에 관한 일을 맡아보게 했소. 익이 산야_{山野}에 불을 질러 초목을 불살라 버리자 그 많던 금수들이 도망쳐 자취를 감추게 되었소.

그리고 요임금은 우_禹를 등용하여 물에 관한 일을 맡아보게 하셨는데, 우는 황하의 아홉 개나 되는 지류_{支流}를 원활하게 소통케 하여 홍수를 다스렸소. 우는 먼저 황하의 지류인 제수_{濟水}와 탑수를 뚫어 물이 바다로 빠지게 했고, 여수_{汝水}와 한수_{漢水} 등 강물을 트고, 회수_{淮水}와 사수_{泗水}에 배수로를 만들어 양자강으로 흘러들게 했소. 이렇게 한 뒤에 겨우 천하의 백성들이 안심하고 농사를 지어 식량을 얻을 수가 있었던 것이오. 이때 우는 물을 다스리는 일에 너무 열중하여 팔 년 동안이나 집에 들어가지 않았고, 자기 집 문 앞을 세 번씩이나 지나가면서도 겨를이 없어 안 들어갔다고 하오. 그러니 한번 생각해 보시오. 자기 집에 들를 겨를도 없이 백성들을 위해 열심히 일하고 있던 그가 마음 한편으로는 농사를 짓고 싶다고 생각했다 하더라도 농사를 지을 틈이 있었겠소?

또한 요임금은 농사일을 맡아보는 관리도 따로 두셨는데, 그것이 후직_{后稷}이라는 벼슬이오. 후직은 백성들에게 농사짓는 방법을 가르쳐 오곡을 재배하게 했소. 그래서 그 뒤부터 오곡이 잘 여물고 백성들이 배부르게 살 수 있었던 것이오."

사람은 각자 맡은 바가 있는 법이라는 맹자의 말을 듣고 진상은 더 이상 말을 하지 않았다.

　신농神農은 중국 고대의 전설상 임금으로, 농기구를 만들어 처음으로 농사짓는 법을 만들어 냈다고 전해진다. 중국 상고 시대는 전설상의 요堯 임금, 순舜 임금, 우禹 임금이 다스리던 시대로 이어지고, 다시 중국 최초의 왕조인 하夏 나라에서 은殷 나라, 주周 나라로 이어진다. 요임금은 《사기史記》에 의하면 성은 도당陶唐, 이름은 방훈放勳이다. 태어나면서부터 총명하고, 일월성신을 관측하여 달력을 만들었으며 홍수를 다스리기 위해 순임금을 기용하고 왕위를 물려주었다고 한다.

　순임금은 성은 우虞이고, 순舜은 그의 시호다. 5제黃帝·顓頊·帝嚳·堯·舜의 한 사람이다. 부모에게 효성이 지극하여 뭇사람들로부터 칭송을 받았으며 제위에 올라서도 선정善政을 베풀어 이른바 '요순堯舜의 치治'로 불리는 태평성대를 구가했다. 우禹에게 제왕의 자리를 물려주었다.

　우임금은 중국에서 가장 오래된 왕조로 일컫는 하夏 왕조의 시조이며, 대홍수가 발생하자 순임금의 명을 받들어 치수治水 공사에 성공하여 농경사회 기반을 다진 인물로 알려져 있다.

개미들의 은공으로 쌓은 저수지

강 하 지 빈 　　연 년 충 결 　　위 민 거 환 자
江河之濱에는 連年衝決하여 爲民巨患者니

작 위 제 방 　　이 안 궐 거
作爲隄防하여 以安厥居니라.

강과 하천의 유역이 해마다 홍수의 피해로 백성들의 커다란 근심거리가 되고 있다.
제방을 만들어서 백성들이 편히 살도록 해야 한다.

– 천택 川澤

　　광주 지방 어느 마을에 큰 홍수가 발생했다. 어찌나 비가 많이 왔
는지 산이 무너지고 논밭이 모두 떠내려갈 정도였다. 일 년 농사가
모두 물에 떠내려갈 판이라 농부들은 저마다 집에서 나와 물꼬를
튼다고 애를 썼으나 연일 줄기차게 퍼붓는 빗줄기를 감당해낼 수가
없었다.

　　그 마을에 사는 이 서방도 집에 가만히 있을 수가 없어 자기 논으
로 달려갔다. 삽을 들고 분주하게 논두렁을 다녔지만 역부족이기는

다른 이들과 마찬가지였다. 이 서방이 한참을 바쁘게 일하다가 잠시 허리를 펴고 숨을 돌리려는데 저만치 앞에서 흙더미 하나가 떠내려오는 것이 보였다.

"옳지, 저 흙더미로 논둑을 막아야겠구나."

제법 큰 흙더미인지라 이 서방은 잘 됐다 싶었다. 그런데 흙더미가 코앞까지 와 가만 보니 그 위에는 수만 마리의 개미가 있었다.

"아니, 이건 개미집이잖아?"

이 서방은 차마 생명이 붙은 개미들을 물에 쓸려 보내기가 안쓰러워 개미집을 마른 땅에다 옮겨주었다. 마침내 지루하게 내리던 비가 그치고 볕이 났고, 무섭게 밀려들던 물도 다 빠지고 땅에서 먼지가 일어날 정도의 맑은 날이 계속되고 있었다.

그러던 어느 아침, 이 서방은 일찍부터 논에 나가려고 쟁기를 짊어졌다. 대문을 나서기 전 무심코 마당을 둘러보던 이 서방은 깜짝 놀라 우뚝 멈춰 섰다. 마당 한쪽에 하얀 쌀 한 무더기가 쌓여 있던 것이다.

"웬 쌀이지? 누가 이렇게 많은 쌀을 여기다 놓은 거야?"

이 서방은 자루를 가져다 쌀을 주워 담았다. 이튿날, 이 서방은 다시 한번 놀랐다. 어제와 같은 자리에 또 그만큼의 쌀이 마당에 쌓여 있는 것이었다.

"허어, 이상한 일도 다 있군."

그 이상한 현상은 다음 날도, 또 그다음 날도 계속되었다. 그렇게 몇 달 동안 계속 쌀을 주워 담다 보니 어느새 창고 가득 쌀가마가 쌓이고 이 서방은 금세 부자가 되었다.

그런데 그즈음 초여름의 홍수가 지나간 뒤로는 한 방울의 비도 내리지 않아 이번에는 땅이 쩍쩍 갈라지는 가뭄이 시작되었다. 그리하여 벼가 타들어가니 가을이 되어도 수확할 곡식이 없었다. 그러자 관청에서는 그동안 사용하지 않아도 되었던 창고를 열기에 이르렀다.

그런데 또 이상한 일이 벌어졌다. 창고에 가득 쌓여 있어야 할 곡식이 한 톨도 남아 있지 않았던 것이다.

"뭐라? 빈 가마니만 쌓여 있다고?"

긴급히 보고를 받은 고을 사또는 눈이 휘둥그레졌다.

"도대체 어떤 작자의 짓인지 철저히 조사하도록 하라!"

사또는 관리 중에 누군가가 몰래 곡식을 빼돌린 줄 알고 관리들을 줄줄이 불러들여 곤장을 치며 심문했다. 하지만 며칠이 지나도 이렇다 할 단서 하나 잡지 못하고 있었다. 그때 사또는 이상한 보고를 받았다. 마을의 이 서방이라는 자가 몇 달 사이에 큰 부자가 되었다는 보고였다.

"당장 그자를 잡아 오도록 하라."

이 서방은 포박을 당한 채 관가로 끌려 들어왔다.

"이놈! 네 죄를 알렸다."

사또의 서릿발 같은 호령이 떨어지자 이 서방은 머리를 조아린 채 지금까지 있었던 사실을 그대로 아뢰었다.

"실은 몇 달 전부터 제 집 마당에 매일 쌀이 쌓여 있기에 그것을 주워 담았을 뿐입니다."

"그걸 말이라고 하느냐. 어디서 터무니없는 거짓을 고하느냐?"

이 서방의 말은 사실이었으나 사또는 곧이듣지 않았고 화가 머리 끝까지 치솟아 벌떡 일어나 소리쳤다.

"저놈이 이실직고할 때까지 곤장을 치라!"

포졸들은 그동안 아무 죄도 없이 사또에게 맞은 분풀이를 하려고 곤장을 쥔 채 이 서방에게 달려들었다. 포졸이 곤장을 들어 이 서방의 볼기를 내려치려는 순간, 갑자기 마른하늘에서 천둥이 울렸다.

"쿠르릉, 콰광! 쿠릉, 쾅!"

느닷없는 천둥소리에 관가에 모여 있던 사람들은 넋을 잃고 하늘을 올려다보았다.

"쿠르릉, 쾅! 쿠릉, 쾅!"

천둥소리는 계속되었다. 그 소리는 마치 이 서방을 벌하지 말라는 소리처럼 들렸다.

"도대체 갑자기 무슨 소리인가. 저자를 용서하라는 말인가?"

사또는 너무 놀랍고 신기해 이 서방을 풀어주었다. 그랬더니 언제 그랬느냐는 듯 천둥이 그쳤다.

"참으로 해괴한 일이구나. 이 서방은 어찌 된 영문인지 좀 더 자세하게 말해 보라."

곤장을 맞을 위기에서 풀려난 이 서방은 사또에게 지난 초여름에 개미들을 살려준 일부터 시작하여 자초지종을 들려주었다. 이야기를 다 듣고 사또가 말했다.

"그 개미집을 건져준 일 때문에 그대가 부자가 되었단 말인가?"

"아무리 생각해도 그런 것 같습니다. 그 일이 아니라면 누가 제게 쌀을 갖다주었겠습니까?"

"그것 참 희한한 일도 다 있구나. 그 개미들이 그대에게 은혜를 갚고자 관청 창고의 쌀을 물어다 주었다는 말이 아닌가?"

"그렇습니다."

사또는 무엇인가를 골똘히 생각한 뒤 입을 열었다.

"그렇다면 이는 하늘의 뜻이라고밖에 할 수 없겠구나. 그러니 사람이 정한 법으로 그대를 처리할 수는 없는 일이다. 그대의 창고에 있는 쌀은 모두 하늘이 주신 그대의 것이니 나는 더 이상 상관하지 않을 것이다."

결국 사또는 이 서방을 풀어주었다. 집으로 돌아온 이 서방도 크게 깨달은 바가 있어 마을 사람들을 모아 놓고 이렇게 말했다.

"내 창고에 쌓인 쌀은 내 재산이 아닌 듯합니다. 그러니 여러분들과 함께 쓰고자 합니다. 내 쌀가마니를 모두 내와서 저 강에 둑을 쌓고 저수지를 만드는 데 쓰겠습니다. 그렇게 되면 홍수나 가뭄이 들어도 농사짓는 데 보탬이 될 것입니다."

이렇게 하여 그 마을에는 커다란 저수지가 생기게 되었다.

11

賑荒六條

진황 6조

어려운 백성들을 구하는 방법들

수수 한 말, 수소 하나

절 화 어 기 문 지 중　　　성 원 변 요
竊貨於飢吻之中하면　聲遠邊邀하고

앙 류 묘 예　　필 불 가 맹 어 심 야
殃流苗裔니　必不可萌於心也니라.

굶주린 사람의 입에 든 재물을 도둑질하면 소문이 변방까지 들리고
재앙이 자손에게까지 끼치게 된다.
그러니 그런 생각은 절대로 마음속에 싹트게 해서는 안 된다.

— 진황 賑荒

한 마을에 '원○바위'라 불리는 바위가 있었다. 원이란 그 고을의 수령을 뜻하는 말로, 이 바위에 얽힌 이야기는 이러하다.

원바위가 있는 마을에 사는 안 진사는 어찌나 위세를 부리고 다니는지 가난한 사람들에게 못되게 굴어서 평판이 아주 나빴다. 그는 과거에서 진사에 합격했으나 벼슬을 살지는 않았다. 그저 진사라는 것에 만족하여 주름을 잡고 다니며 못 배우고 돈 없는 사람들 위에 서서 못된 일만 저지르고 있었던 것이다.

마을 사람들은 안 진사에게 억울한 일을 당해도 호소할 곳이 없었고 호소문을 올린다 한들 이미 사또도 안 진사에게 먹은 뇌물이 있는 터라 거부당하기 일쑤였다. 그래서 힘없는 사람들은 부글부글 속이 끓어도 뾰족한 방법이 없어 그저 당하기만 했다.

그러던 어느 날, 새로운 사또가 부임해 왔는데 그는 사리 판단이 분명하고 백성을 위하는 인물이었다. 마을 사람들은 이번이야말로 진사를 혼내줄 좋은 기회라고 생각하여 공동명의로 사또에게 호소문을 올렸다.

"나는 이미 이 마을에 오기 전부터 안 진사에 대한 평판을 익히 들었다. 그러니 그동안 그대들이 진사에게 당했던 사정을 자세히 말해 보아라."

사또의 말에 사람들은 당한 억울함을 줄줄이 실토했다. 그중 김 서방이라는 사람은 지난봄에 먹을 것이 떨어져 안 진사를 찾아가 가을에 이자를 잘 쳐서 갚을 테니 양식을 꾸어 달라고 한 적이 있었다. 그때 안 진사는 이렇게 말했다고 한다.

"들고 보니 사정이 딱하구먼. 지금 자네에게 꾸어줄 쌀이나 보리는 없고, 그 대신 수수를 한 말 주지."

김 서방은 우선 먹고살아야 했기 때문에 수수라도 달라고 했다.

"그것이라도 주시면 감사드리겠습니다. 그럼 가을에 얼마로 갚으면 될까요?"

"응, 그저 수수 '하나'만 가져오라고."

"수수 한 말이요? 그렇다면 지금 제가 가져가는 것하고 똑같지 않습니까? 이자를 받지 않겠다는 말씀인가요?"

김 서방은 도무지 믿어지지가 않아 눈을 동그랗게 뜨고 물었다.

"그래, 수수 하나야. 그런데 나중에 실수가 없도록 여기 장부를 하나 만들어 두고 가게."

그러면서 장부에 이렇게 기록했다.

'김 서방이 가을에 갚아야 할 것, 수소 하나.'

그런 다음 김 서방에게 장부에 적힌 내용을 읽어주었다.

"수소 하나요? 수수가 아니고 수소입니까? 그리고 하나가 아니고 한 말이라고 해야 하지 않나요?"

김 서방은 글을 읽지는 못했으나 남이 읽어준 내용을 못 알아들을 만큼 어리석지는 않았기에 그렇게 물었던 것이다.

"이 사람아, 이 지방에서는 수수를 수소라고 하지 않는가? 그리고 하나나 한 말이나 그 말이 그 말 아닌가? 참 답답하구먼. 그러니 사람은 배워야 하는 거야."

"예, 잘 알겠습니다."

"자, 그러면 이리 와서 장부에 틀림없다는 표시를 하게."

김 서방은 안 진사의 요구대로 장부에 서명을 한 뒤 수수 한 말을 들고 집으로 돌아왔다.

세월이 흘러 안 진사에게 꾸어온 수수 한 말을 갚아야 할 때가 되었다. 그래서 김 서방은 제일 잘된 수수만을 엄선하여 약속한 대로 한 말을 만들어 안 진사를 찾았다.

"지난봄에 양식을 꾸어 주셔서 정말 요긴하게 잘 먹었습니다. 약속대로 여기 수수 한 말을 가져왔습니다."

그러자 안 진사는 눈을 부릅뜨며 말했다.

"수수 한 말이라니? 이 사람이 지금 무슨 말을 하는 거야?"

"지난봄에 분명히 수수 한 말만 갚으라고 하셨잖습니까?"

"이 사람이 큰일 날 소리를 하는구먼. 내가 언제 그런 약속을 했다는 거야? 이 장부를 보게나. 여기에는 수수 한 말이 아니라 수소 하나라고 적혀 있지 않나."

"맞습니다. 수소 하나요. 그때 진사 어른께서 그 말이나 수수 한 말이나 마찬가지라고 하셨잖아요."

"난 그런 말을 한 기억이 없어. 그리고 수수하고 수소하고 어떻게 같은가!"

"그럼 도대체 수소라는 게 뭡니까?"

"이 사람이 수소도 몰라. 수컷 소가 수소지 뭐야?"

"수컷 소요? 황소를 말씀하시는 겁니까?"

"자네가 분명히 수소 하나를 준다고 여기 서명까지 하지 않았나. 지금 와서 딴소리를 하면 안 되지. 난 그때 자네 집에 있는 황소를 준다는 말로 알았는데 그게 아닌가?"

김 서방은 하늘이 무너진 듯 눈앞이 캄캄했다. 수수 한 말을 얻어먹고 전 재산이나 마찬가지인 소를 잃게 되었으니 정신이 아득해지지 않을 수 없는 일이었다.

"진사 어른, 농담이시죠? 세상에 수수 한 말을 황소 한 마리와 바꾸는 미련한 사람이 어디 있습니까?"

"왜 없어? 자네가 바로 그 사람 아닌가? 이 사람이 지금 나를 놀리는 거야!"

안 진사는 오히려 역정을 내며 소리를 질렀다.

"억울합니다. 정말 억울합니다!"

"자네가 서명한 장부도 있어. 난 지금 사람을 보내 자네 집 황소를 끌고 올 테니 그리 알게."

안 진사는 기어코 황소를 빼앗아 가고 말았다.

신임 사또에게 이러한 이야기를 하고 난 뒤에 김 서방은 눈물을 흘렸다. 사정을 다 들은 사또는 굳은 표정으로 말했다.

"글자 삐침 하나에 수백 배의 이익을 챙기려고 했구나. 이런 괘씸한 자 같으니라고! 우선 알았으니 그만 돌아가도록 하라."

이튿날, 사또는 직접 안 진사의 집으로 찾아갔다. 안 진사는 뜻밖의 방문을 받고 무척 기뻐했다.

"어서 오십시오, 사또. 이런 누추한 집에 몸소 오시다니 황송합니다. 어서 안으로 드시지요."

안 진사는 호들갑을 떨며 사또를 맞이하고는 자기 집에서 가장 맛있는 음식을 차리라는 둥, 사또에게 바칠 값진 선물을 준비하라는 둥 너스레를 떨었다. 그러나 사또는 정중하게 거절했다.

"괜찮습니다. 나는 원래 시를 짓고 노래하기를 좋아하니 집 안에서 이렇게 법석을 떨 것이 아니라 저기 앞산 물가에 있는 바위에 올라 함께 시를 읊는 게 어떻겠소?"

"사또의 뜻이 그러시다면 따르지요. 저도 재주는 없습니다만 그래도 명색이 진사이니 시 짓고 노래 부르는 것을 마다할 리가 있겠습니까?"

그리하여 그들은 함께 바위로 올라갔다. 사또는 안 진사와 이런저런 이야기를 나누다가 김 서방의 억울한 사연에 대해 말을 꺼냈다. 그러자 안 진사는 손을 내저으며 펄쩍 뛰었다.

"그건 말도 안 되는 소리입니다. 저도 옛 성현의 말씀을 익혀서 진사가 되었는데 어떻게 그런 경우 없는 짓을 하겠습니까? 김 서방이 지난봄에 와서 식량을 꾸어 달라기에 저도 먹고살기 어렵지만 하도 딱해서 쌀 한 가마를 주었습니다."

"쌀을 주었다고요?"

"예. 그랬더니 김 서방이 무척 고마워하면서 지금 먹지 못해 죽으면 집이고 논이고 갖고 있은들 뭐 하냐면서 자기가 아끼던 수컷 황소를 가을에 주겠다고 해서 받은 것뿐입니다. 그래서 제 장부에다가 '수소 하나'라고 쓰고 김 서방이 서명까지 한 걸요."

"그렇소? 김 서방 말하고는 전혀 다르군."

"아이고, 사또. 그 무식한 자가 뭘 알겠습니까? 사또께서도 그런 무식한 자의 말을 들으시면 안 됩니다. 그자들은 말도 안 되는 소리로 떼를 쓰거든요."

"그럼 김 서방을 불러다가 이야기를 한번 들어봅시다."

그러면서 얼른 김 서방을 불러오도록 했다.

"하늘을 두고 맹세하지만 저는 쌀을 가져다 먹은 적이 없습니다. 수수 한 말이 전부입니다. 그런데 제 목숨과도 같은 황소를 끌고 갔으니 이제 저는 죽은 목숨이나 다를 바 없습니다."

그러자 안 진사가 벌떡 일어서더니 사내를 노려보며 호통을 쳤다.

"이런 배은망덕한 놈 같으니라고! 어느 안전이라고 거짓말을 지껄이느냐?"

사또는 뻔뻔스럽게 거짓말을 하는 안 진사를 보고 있노라니 화가 치밀었다.

"여보시오, 안 진사. 여기 이 바위를 보시오."

사또가 옆에 있는 커다란 바위를 가리키며 말했다.

"이 바위는 매우 단단하지만 백성의 원망을 듣게 되면 갈라지고 말 것이오. 그러므로 만약 당신이 죄가 있다면 김 서방의 원망에 이 바위가 갈라질 것이오."

사또가 힘껏 바위 위를 발로 밟았다. 그러자 바위 위가 사또의 발자국으로 푹 파였다. 연이어 또 한 번 발로 내리치자 바위 한가운데가 갈라지면서 금이 갔다. 그 광경을 지켜본 안 진사는 얼굴이 파랗게 질리고 말았다. 마침내 안 진사가 있는 쪽의 바위가 반으로 갈라지면서 기울기 시작했다. 하지만 사또와 사내가 있는 쪽의 바위는 움직이지 않고 그대로 있었다.

"으악!"

마침내 반쪽이 난 바위는 안 진사를 덮치며 강 아래로 구르기 시작했고 순식간에 반쪽 난 바위를 안은 채 강물로 떨어졌다. 끝내 자신의 잘못을 뉘우치지 않은 안 진사는 그렇게 물에 빠져 숨을 거두고, 나머지 반쪽 바위는 아직도 경기도 양평군에 남아 있다고 한다. 이 바위는 어른 몇십 명이 올라갈 만큼 널찍하다고 한다.

유랑민들도 이웃으로 여기는 마음

인인지위진야　　애지이이　　자타류자　　수지
仁人之爲賑也는 哀之而已라 自他流者는 受之하고

자아류자　　류지　　무차강이계야
自我流者는 留之하여 無此疆爾界也니라.

어진 사람이 진휼(賑恤)하는 일이란 불쌍히 여기는 것뿐이다.
다른 곳에서 들어오는 자는 받아들이고, 내 고을에서 다른 고을로 가는 자는 만류하여
네 고장의 구별이 없어야 한다.

— 규모 規模

　

송나라에 부필이라는 목민관이 청주 지방을 다스릴 때, 어느 해
홍수가 나서 굶주린 백성들 수십만 명이 떠돌아다니다가 청주로 흘
러들어왔다. 그러자 부필은 관하 고을의 풍년이 든 곳을 직접 찾아
가 사정을 말하고 백성들에게 곡식을 얻어서 돌아와 이주민들에게
주었다.

백성들에게 얻은 곡식은 십만 섬에 이르고 여기에 관곡을 더 보
태서 나누어 주었다. 또한 공사로 쓰던 집 십만여 채를 긴급하게 개

조해 이주민들에게 나누어 주어 살게 했다. 그리고 관리들에게 특별 녹봉을 주어 이주민들이 모인 곳으로 보내 노약자와 병든 사람들을 돌보아 주도록 했다. 부필은 관리들의 그 같은 행적을 기록해 두었다가 후일 조정에 아뢰어서 상을 받도록 하겠다고 약속했다.

부필은 대략 5일마다 이주민 마을에 사람을 보내 술과 고기와 밥을 가지고 가서 위로하도록 했다. 부필의 그 같은 행동이 진실한 마음에서 우러나온 것임을 알고 부하 관리들 역시 진심으로 명을 따르고 힘을 보태주었다.

한번은 부필에게 이렇게 말하는 관리가 있었다.

"혹시 지금과 같은 선정善政을 공연히 의심하고 비방을 일삼는 자가 생길까 두렵습니다. 나중에 화를 입으실지 모르니 이제 여기서 그치는 것이 어떻겠습니까?"

그러자 부필은 이렇게 말했다.

"내가 어찌 일신의 안위 때문에 저토록 소중한 육칠십만 명의 생명을 못 본 척하겠는가?"

그러면서 이주민들을 위한 정책을 지속적으로 펴나갔다고 한다. 또한 조선 숙종 때 이규령이 안동 부사로 있을 때였다.

어느 해에 큰 기근이 들어 진장賑場굶주린 사람을 구제하는 장소을 설치하기에 이르렀다. 그때 조정에서는 전국의 군읍에 유랑민을 받지 못하도록 하는 영이 내려진 상태였다. 그러나 이규령은 그 영을 받들지 않고 유랑민을 받아들였다.

"다 우리 백성인데 어찌 이곳저곳을 구별하랴. 그들이 길거리에서 굶어 죽는 것을 그냥 앉아서 지켜볼 수는 없는 일이다."

그러면서 그들이 살 집을 지어 미음과 죽을 쑤어 돌보아 주고 몸소 그들에게 가서 상태를 살피기도 했다. 그리고 고을에서 인덕과 재산을 겸비한 사람들을 선별하여 그들의 생활을 주관하여 살피도록 했다.

그렇게 몇 달을 지성으로 돌보자 마침내 길에서 굶어 죽는 사람이 한 사람도 없게 되었다. 얼마 뒤 이 사실을 암행 나온 어사들이 잇달아 조정에 아뢰게 되었는데, 임금도 어쩌지 못하고 오히려 이규령에게 큰 상을 주어 격려했다.

또한 조선 선조 때 토정 이지함도 목민관으로 있으면서, 유랑민들이 해진 옷으로 걸식하는 것을 불쌍히 여겨 큰 집을 지어서 그들을 살게 했다고 한다. 그리고 그들에게 수공업을 가르치고 일일이 능력을 파악하여 각자 먹고살 수 있는 길을 터주었다. 유랑민 중에서도 가장 무능한 자에게는 볏짚을 주어 짚신을 삼도록 한 뒤 그들이 일하는 것을 종일 감독하니 하루에 열 켤레를 만들어 팔 수 있었다.

그리하여 얼마 뒤에는 유랑민들이 모두 한 가지씩 기술을 익혀 하루 일하여 번 돈으로 쌀 한 말을 사지 못하는 사람이 없었다. 그중에 먹을거리를 사고도 남는 돈이 있으면 옷을 지어 입도록 권장했는데, 두어 달 사이에 그들의 의식주가 모두 충족해졌다.

흉년 때는 곡식을 나누어 주어라

내 선 기 구　　　분 위 삼 등　　　기 상 등 우　　　분 위 삼 급
乃選飢口하여 分爲三等하고 其上等又를 分爲三級하고

중 등 하 등　　　각 위 일 급
中等下等은 各爲一級이니라.

굶주린 가구를 뽑아 세 등급으로 나누고, 그 상등은 또 세 급으로 나누며
중등과 하등은 각각 한 급씩을 만든다.

－ 규모 規模

　넉넉한 집은 가장 부유한 자가 상등[上等]이 되고, 가난한 집은 주린 배 채우는 것을 가장 급하게 여기기 때문에 가장 굶주리는 자가 상등이 된다. 상등인 자는 목숨이 위급해서 곡식을 거저 주어야 하는 사람이다. 중등[中等]인 자는 먹을 것이 급하기는 하지만, 봄에 잠시 빌려 주면 가을에는 곡식을 낼 만하므로 꾸어 주어야 하는 사람이다. 하등[下等]인 자는 사정이 급하기는 하지만, 오히려 약간의 돈과 포목이 있으므로 곡식을 사 가도록 해야 하는 사람이다.

　상등 안에서 또 세 가지 급으로 나눈다. 상급은 소한부터 곡식을 거저 주기 시작하여 망종까지 계속하고, 중급은 입춘부터 시작하여 입하까지 계속하며, 하급은 입춘이 지난 후 십여 일부터 시작하여 입하 십 일 전까지 계속한다. 중등에게는 곡식을 꾸어 주되 경칩에 한 번 주고 청명에 한 번 주는데, 이는 육십 일치의 양식이다. 하등에게는 곡식을 사 가게 하되 춘분에 한 번 주는데 이 역시 육십 일치의 양식이다.

　조선 시대에 이규령이라는 사람이 안동 부사로 있을 때 큰 흉년이 들었다. 그러자 이규령은 굶어 죽어 가는 사람들의 호적을 조사하고 식구를 계산하여 죽을 쑬 곡식을 나누어 주었다. 그런데 더러 식구를 늘려 속이고 더 타 먹는 자가 있었다. 그래서 아전들이 이런 자들을 가려내어 곡식을 주지 말아야 한다고 청했다. 그러나 이규령은 아전의 말을 듣지 않고 이렇게 말했다.

"그들을 지나치게 가려내어 궁하고 굶주린 자로 하여금 먹을 것이 없게 하기보다는 차라리 거짓말하는 것을 용서하여 관가가 백성들에게 속임을 당하는 것이 더 낫다. 그리고 주림을 당하여 사람마다 각자 자기의 부모와 처자를 사랑하여 죽음에서 구하려는 계책을 쓰는데, 어찌 차마 모두 거짓이 있다 해서 그들을 구휼하지 않겠는가!"

이규령의 이러한 어진 마음 때문에 살아난 백성들의 숫자가 수백 명이 넘었다.

냄비 속에 버려진 아이

영 해 유 기 자   양 지 위 자 녀
嬰孩遺棄者는 養之爲子女하고

동 치 류 리 자   양 지 위 노 비
童穉流離者는 養之爲奴婢하되

병 의 신 명 국 법   효 유 상 호
竝宜申明國法하여 曉諭上戶니라.

버린 갓난아이는 길러서 자녀로 삼고, 떠돌아다니는 어린이는 길러서 노비 삼되
모두 국법을 거듭 밝혀서 잘사는 집에 깨우쳐 보내 주어야 한다.

ㅡ 설시 設施

한 처녀가 살던 시골 마을에 갑자기 흉한 돌림병이 돌아 사람들
이 모두 죽게 되었다. 병이 돌던 중 이 처녀만 기적같이 혼자 살아남
아, 처녀는 혼자 살면서 나무 열매나 풀뿌리를 캐 먹으며 그날그날
을 연명했다.

그러던 어느 날이었다. 냇가로 물을 길으러 나간 처녀는 상류 쪽
에서 떠내려오는 냄비 하나를 발견했다. 냄비를 건져서 보니 뜻밖
에 그 안에는 갓난아이가 있었다. 처녀가 아이를 꺼내 안자 아이는

생글생글 웃어 보이는 것이었다. 혼자 쓸쓸하게 지내던 처녀는 아이를 얻게 되어 기쁜 마음으로 집으로 돌아왔다. 처녀는 아이에게 온 정성을 쏟으며 잘 키웠고 아이도 튼튼하게 자라 이제는 걸음마를 하는 정도가 되었다. 그 무렵, 처녀는 문득 이런 생각이 뇌리에 스쳤다.

'냄비가 물살에 뒤집어지지도 않고 여기까지 흘러 내려온 걸 보면 분명히 그다지 멀지 않은 상류 쪽에 사람이 살고 있을 거야. 이제 아이도 성장했으니 제 부모를 찾아주는 게 사람의 도리가 아닐까?'

그리하여 처녀는 아이와 함께 냄비를 가지고 길을 떠났다. 냇물을 따라 한참 거슬러 올라갔더니 마을 한가운데에 큰 집 두 채가 나란히 서 있었다. 서둘러 처녀는 아이와 함께 왼쪽에 있는 집 앞에 가서 대문을 두드렸다. 그러자 집안에서 귀걸이와 목걸이 등 온갖 장신구를 몸에 치렁치렁 단 빼어난 외모의 여자가 나왔다.

"당신은 누구요? 그리고 그 아이는 또 뭐지? 밥을 얻어먹을 생각이라면 다른 집에 가서 알아보라고!"

여자는 쌀쌀맞게 한마디 던지고 대문을 닫으려 했다. 그때 처녀가 재빨리 나서서 말했다.

"당신은 참 인정머리가 없군요. 이 아이 얼굴을 봐서라도 먹을 것을 좀 주시면 안 될까요? 당신은 이 아이의 얼굴을 보고도 조금도 가엾다는 생각이 들지 않나요?"

그러자 여자는 찔리는 구석이 있었는지 안으로 들어오라고 했다.

처녀는 집 안으로 들어오자마자 주인에게 인사를 올렸다. 그 주인 남자의 풍모는 무척 후덕하게 보였지만 무슨 근심거리가 있는지 머리와 수염도 제멋대로 길었고, 안색도 몹시 초췌했다.

"잠시 머물다 가도록 허락해 주셔서 감사합니다."

"편히 쉬다 가십시오."

남자는 겸손하게 말하면서 방금 대문을 열어준 부인에게 따뜻한 식사를 대접하라고 일렀다.

"하하하, 그 녀석 참 예쁘게 생겼구나. 제가 한번 안아 봐도 되겠습니까?"

남자는 처녀가 데리고 온 아이를 받아 안더니 금세 얼굴이 활짝 폈다. 아이는 남자와 곧잘 어울렸고, 남자는 아이의 짓궂은 장난에도 그저 싱글벙글 웃으면서 아이를 안아 무릎에 앉히기도 하고 번쩍 위로 올리기도 했다. 그러나 한순간 남자는 슬픈 표정으로 눈물을 뚝뚝 떨어뜨렸다. 그 광경을 본 처녀는 부인에게 물었다.

"왜 그러시죠? 무슨 안 좋은 일이 있었나요?"

"모두 당신 때문이오."

"예?"

"우리 집주인이 얼마 전에 아이를 잃고 슬픔에 잠겨 있었는데 난데없이 당신이 아이를 안고 나타나는 바람에 잃어버린 아이 생각이 나서 저렇게 눈물을 흘리는 거란 말이오."

부인은 여전히 쌀쌀맞게 대하면서 처녀를 쏘아보았다. 하룻밤 신세를 진 처녀는 이튿날 집을 나서기 위해 주인 내외에게 인사를 올렸다. 그런데 남자는 처녀가 짊어진 냄비를 보고는 의아한 기색으로 물었다.

"이 냄비는 원래부터 아가씨 것이오? 어디서 많이 본 듯한 냄비인데……."

"아닙니다. 제 냄비가 아닙니다."

"그럼 이 냄비가 어디서 났소?"

그때 부인 여자가 남편의 말을 가로막고 나섰다.

"길 떠나는 사람을 붙잡고 뭐 그런 것을 물어보세요? 그까짓 냄비가 어디서 났건 무슨 상관인가요. 이 여자를 빨리 돌려보낼 테니 당신은 어서 안으로 들어가세요."

그러나 남자는 부인의 만류를 뿌리치며 처녀에게 한 걸음 더 바짝 다가섰다.

"아니오. 잠깐 기다리시오. 아무래도 저 냄비를 어디서 본 것 같으니 내 기억이 되살아날 때까지 잠시만 기다려 주시오. 그리고 어서 대답해 주시오. 저 냄비가 어디서 났는지."

처녀는 그 물음에 사실대로 대답해주었다.

"사실 이 냄비는 몇 년 전에 이 아이가 냇물을 타고 내려왔던 것입니다."

"뭐요? 그게 정확히 몇 년 전이오?"

"한 삼 년 되었습니다."

"오오, 이럴 수가……."

남자는 뭔가 짚이는 것이 있는지 갑자기 눈을 번득이고 얼굴에는 긴장감이 가득했다. 처녀는 말을 계속했다.

"저는 냇물을 따라 냄비를 타고 내려온 이 아이를 지금까지 성심껏 길러 왔습니다. 허나 이젠 이 아이도 많이 자랐기 때문에 한 번이라도 친부모에게 보여 주어야겠다는 생각에 이렇게 아이의 친부모를 찾아 나선 것입니다."

처녀가 그 말을 마쳤을 때 주인이 큰 소리로 말했다.

"옳거니! 저건 우리 냄비야. 삼 년 전 내 생일 때 저 큰 냄비에 고기를 삶았지. 여보, 안 그렇소?"

남자는 부인에게 얼굴을 돌려 물어보자 그녀의 얼굴이 금세 빨갛게 변했다.

"그, 글쎄요. 난 잘 모르겠는데……."

부인은 얼버무리며 시선을 피했다. 그것을 보자 남자는 무언가 확신한 듯 단호하게 말했다.

"이보시오, 부인! 내 눈에도 저 냄비는 분명 우리 것인 줄 알겠는데, 부엌살림을 하는 당신이 저 냄비를 모른다는 게 말이 되오?"

남자는 부인을 꾸짖었다.

"좋소. 저 아가씨의 말이 거짓인지, 당신의 말이 거짓인지 내가 꼭 밝혀내겠소."

그러면서 남자는 하인들에게 화롯불을 가져오라고 일렀다. 잠시 후 화롯불이 당도하자 주인은 냄비에다 펄펄 끓는 물을 담은 다음 화로 위에 올려놓았다. 남자는 부인을 불러 이렇게 말했다.

"자, 이 냄비 속에다 손을 넣어 보시오. 만약 당신이 거짓말을 안 했다면 아무 문제가 없을 것이나, 만약 거짓말이라면 손을 데고 말 것이오."

주인 여자는 펄펄 끓는 물을 보자 와락 두려운 마음이 들었다.

"여보, 우리 아이는 정말 삼 년 전에 냇물에 빠져 죽었다니까요? 왜 제 말을 믿지 못하죠?"

"그러니 어서 이 끓는 물에 손을 집어넣어 보란 말이오."

그러자 부인은 무너지듯 주저앉아 남편에게 용서를 빌었다.

"용서해 주세요. 저 냄비는 우리 것이 맞아요."

"역시 내 짐작대로군. 도대체 왜 우리 아이를 그렇게 만든 거요?"

"아이가 태어나기 전에 당신은 누구보다도 저를 사랑해 주었어요. 그런데 아이가 생기고 나서는 아이만 사랑하고 저에게는 조금도 관심을 주지 않았어요. 그래서 이럴 바에야 아이 따위는 없는 편이 낫겠다고 생각해 냄비에 넣어 냇물에 흘려보냈던 거예요."

이야기를 다 들은 남자는 너무나도 기가 막혀 부들부들 떨면서 비정한 아내이자 어머니인 부인을 집 밖으로 내쫓아 버렸다. 그러고는 아이를 다시 껴안으며 처녀에게 말했다.

"아가씨, 정말 고맙소. 내가 그동안 너무 순진했었던 것 같군요. 아이가 그저 물에 빠져 죽었다는 저 사람의 말만 믿은 내가 잘못이었소."

이렇게 말하며 남자는 아버지로서 아이를 더욱 다정하게 보듬었다. 남자는 길일을 택해 처녀가 살던 마을로 가서 돌림병으로 죽은 사람들의 장례를 지내주었고, 처녀에게 청혼도 했다. 처녀는 그동안 길러준 아이가 어머니, 어머니 하며 따르던 것을 차마 떨쳐 버릴 수가 없어서 아이의 어머니가 되기로 결심했다. 마침내 처녀는 부잣집 마나님이 되어 마을 사람들이 우러러보았다.

한편 자기 아이를 버린 몰인정한 여자는 모든 사람들로부터 멸시를 받고, 경멸의 대상이 되었고, 마을로부터 멀리 떨어진 곳에 움막을 짓고 혼자 사는 신세가 되었다. 결국 외롭게 살던 처녀와 부잣집 마나님의 위치가 바뀌게 된 셈이었다.

12

解官六條

해관 6조

牧民心書

관직에서 퇴임할 때 지켜야 할 사항들

항상 떠날 때를 염두에 두어라

_{관 필 유 체}   _{체 이 불 경}   _{실 이 불 연}   _{민 사 경 지 의}

官必有遞하니 遞而不驚하고 失而不戀이면 民斯敬之矣라.

관직은 반드시 체임되게 마련이니 갈려도 놀라지 말고 잃어도
미련을 갖지 않으면 백성들이 공경하게 된다.

− 체대 遞代

'관원 생활은 품팔이 생활이다'라는 말이 있다. 아침에 승진했다
가 저녁에 파면되어 믿을 수 없음을 말하는 것이다. 그런데 천박한
목민관은 관청을 자기 집으로 여기고 그곳에서 오래 지내려고 생각
한다. 그러다가 상부에서 공문을 보내오거나 통보가 있으면 몹시
놀라고 당황하여 어찌할 줄을 모른 채 마치 큰 보물을 잃어버린 것
처럼 아쉬워한다. 그렇게 되면 처자식은 직업을 잃은 지아비와 아
버지를 보며 눈물을 흘리고 아전과 종들은 비행을 저질러 물러나는

전직 상관을 비웃는다. 그렇다면 관직을 잃은 것 외에도 또한 잃은 것이 더 많으니 이 어찌 슬픈 일이 아니겠는가! 그러므로 예전의 어진 수령은 관아를 잠시 머물다가는 여관으로 여겼다. 마치 이른 아침에 떠나는 것처럼 그동안의 장부를 정리하고 짐을 묶어 두고, 가을 매가 가지에 앉았다가 훌쩍 날아가는 것처럼 한 점의 속된 미련도 두지 않았다.

훌륭하고 청렴한 목민관이란 평소에 상부에서 공문이 오면 곧 떠날 각오로 업무에 임하고, 떠날 때는 어떠한 미련도 두지 말아야 한다. 이것이 맑은 선비의 행실이라고 할 수 있다. 송나라 때 목민관이었던 왕환지는 이렇게 말했다.

"수레를 타면 항상 쓰러지고 떨어질 생각으로 처신하고 배를 타면 항상 뒤집어지고 빠진다는 생각으로 처신하며, 벼슬을 하면 항상 불우해졌다는 생각으로 처신하라."

그리고 송나라의 양만리는 목민관 벼슬을 지낼 때 서울에서 집까지 돌아갈 만한 노자를 계산하여 상자에 넣어 항상 자는 방에다 두었다고 한다. 그뿐 아니라 집안사람을 철저하게 단속하여 값나가는 물건은 한 가지도 사들이지 못하도록 했다.

고을에서 낳은 망아지까지 돌려주어라

淸士歸裝은 脫然瀟灑하여 幣車羸馬라도 其淸飇襲人이니라.

맑은 선비가 돌아가는 행장은 가뿐하고 시원스러워
낡은 수레와 여윈 말이라도 맑은 바람이 사람을 감싼다.

— 귀장 歸裝

당나라의 육장원은 여주에서 목민관으로 지내며 청렴하게 살았다. 그가 나중에 여주를 떠날 때 짐을 실은 수레가 두 대였는데, 그때 그는 이렇게 탄식했다.

"우리 할아버지가 위주에서 벼슬을 그만둘 때에는 수레가 한 대였는데, 그중 책이 반을 차지했었다. 나는 할아버지께 훨씬 미치지 못하는 사람이다."

그리고 한나라 때 시묘는 수춘 지방의 목민관으로 부임하여 누런

암소를 타고 왔다. 그 암소는 일 년이 지난 뒤 송아지 한 마리를 낳았다. 송아지는 무럭무럭 자랐고 후에 시묘가 벼슬을 내놓고 떠나면서 관리들에게 송아지를 남겨 주었다.

"이 송아지는 너희 땅에서 낳은 것이니 나의 소유가 아니다."

또한 고려 때 유석은 안동에서 목민관으로 지내면서 훌륭한 정사政事를 펼쳤다. 그러나 최이 등의 모함으로 귀양을 가게 되었는데 그가 떠나갈 때 노인과 아이를 가리지 않고 뛰쳐나와 길을 막고 울부짖었다.

"하늘이여, 우리 공께서 무슨 죄가 있습니까? 공이 가시니 이제 우리는 어떻게 살아가야 합니까?"

그러면서 모두 달려들어 붙잡고 늘어져서 가는 길을 막았다. 게다가 그의 아내가 자식들을 거느리고 가는데 말이 세 필뿐이어서 걸어가는 사람도 있었다. 고을 사람들은 이 광경을 보면서 눈물로써 하루 머무르기를 청했으나 응하지 않았다. 고을 사람들은 할 수 없이 부랴부랴 말과 마부를 구해 부인에게 말했다.

"제발 이 말이라도 타고 떠나십시오. 그래야 저희들의 서운함이 조금이라도 가시겠습니다."

하지만 유석의 부인은 사양하면서 대답했다.

"남편이 귀양을 가면 처자도 같은 죄인입니다. 그런데 어찌 죄인이 한가하게 말을 타고 떠나겠습니까?"

고을 사람들은 이것을 보고 찬탄하면서 이렇게 말했다.

"참으로 우리 유공의 배필이시다."

또한 고려 때 최석이 승평 지방을 다스릴 때는 이런 일도 있었다. 예부터 전해오던 그 고장의 풍속이 하나 있었는데, 고을의 목민관이 교체되어 돌아갈 때에는 반드시 말 여덟 필을 주되 마음대로 고르게 했다. 최석이 임기를 마치고 돌아갈 때 전례에 의하여 사람들이 말을 마치자 최석이 웃으며 말했다.

"서울까지 갈 수 있으면 족하지 이 말 저 말 가릴 것이 있겠는가?"

결국 최석이 말을 돌려보내자 고을 사람들도 그가 돌려보낸 말을 받지 않았다. 고을의 촌로가 최석에게 와서 말했다.

"이건 우리 고을의 오랜 풍속이거니와 공께서는 그동안 저희 고을을 편하게 이끌어 주셨기에 좋은 말을 타고 가실 자격이 충분합니다."

그러자 최석이 대답했다.

"그렇지 않소. 만약 내가 돌려보낸 말을 받지 않는다면 그것은 나를 탐욕스러운 사람이라고 여겨 받지 않는 것과 같소. 내가 기르던 암말이 이 고을의 수말과 접하여 망아지를 낳았는데 내가 그 망아지를 끌고 돌아온 적이 있소. 그것은 내가 탐욕스러웠기 때문이오."

그러면서 그 망아지까지 돌려보냈다. 그 뒤에 최석의 일화가 이 고을에 대대로 전해지고 마침내는 이 풍속이 고쳐졌다. 승평 지방 사람들은 이를 기리기 위해 비를 세워 '팔마비八馬碑'라고 했다.

죽어서까지 청렴했던 관리들

　한나라의 한연수가 좌풍의 목민관이 되어 신의와 은혜로움으로 고을을 다스리니 사람들은 두루 흡족했다. 한번은 한연수가 어떤 일에 연루되어 사형을 받게 되었을 때, 아전들과 백성 수천 명이 따라와 그를 전송했고, 노인과 젊은이들은 수레를 붙들고 앞을 다투어 술과 안주를 올렸다. 한연수는 차마 거절하지 못하고 사람들이 올리는 잔을 받아 마셨는데 나중에 마신 술을 따져보니 한 섬이 넘었다. 그는 술에 취한 것이 아니라 사람들의 정성스런 마음에 취해 아전을 시켜 그들에게 이렇게 사례했다.

　"아전들과 백성들이 멀리까지 와서 이렇게 호의를 베풀어 주니 나는 지금 죽어도 한이 없습니다."

　백성들은 그 말을 듣고 또 한 번 눈물을 흘리며 아쉬워했다.

명나라의 모길이 광동의 목민관으로 있을 때 도적 떼의 난이 일어났다. 이때 모길은 난을 진압하기 위해 몸을 아끼지 않고 싸우다가 전사했다. 처음에 모길이 군사를 출동할 때 관아의 은 천 냥을 내주어 군량에 충당케 했는데, 서문이란 사람이 관리를 맡아서 반을 써버렸다. 서문은 모길이 죽어 돌아갈 수 없는 것을 불쌍히 여겨 남은 은을 몰래 그 종에게 주어서 상비를 마련하게 했다.

　그런데 그날 밤 해괴한 일이 벌어졌다. 서문에게 상비를 받았던 그 종의 아내가 갑자기 관아 마루에 나와서 자리를 차지하고 앉았는데 그녀의 행동거지가 생전의 모길의 모습과 너무 닮아 있었다. 잠시 후 그 종의 아내는 좌우를 돌아보며 이렇게 말했다.

　"하헌장을 오게 하라."

　모여 있던 사람들은 모두 깜짝 놀랐다. 그 목소리까지 모길을 닮았기 때문이었다. 잠시 뒤에 모길의 상관이었던 하헌장이 도착하자 그녀가 벌떡 일어나 절을 한 뒤 이렇게 말했다.

　"저 모길은 나리의 은혜를 받던 중에 적의 칼에 죽었으니 진실로 여한은 없습니다. 다만 서문이 쓰다 남은 관청의 은을 제 집에 주어 제가 지하에서 더럽힘을 당하게 된 것이 한스러울 뿐입니다. 그러니 빨리 그 상비를 관으로 돌려보내도록 조치를 취하시어 더 이상 제가 더럽힘을 당하지 않도록 해주십시오."

　그녀는 말을 마치고는 갑자기 땅에 쓰러졌다가 조금 뒤에 깨어났다. 잠시 그녀의 몸을 빌려 모길이 다녀간 것이었다.

또한 조선 시대 때 곽은이 담양 지방의 복민관이 되어 부역과 조세를 가볍게 하여 고을을 다스리는 것이 맑고 인자했다. 그런데 곽은이 갑자기 관에서 변고를 당해 죽고 말았다. 그러자 사람들은 비통해하며 술과 고기를 먹지 않고 서로 조의를 표했다. 또한 상여가 떠나는 날에는 거리에 곡성이 잇달았다. 고을의 선비와 백성들은 누가 시키지도 않았는데 서로 논의하여 해마다 제삿날이 되면 쌀을 모아 제사를 지내 곽은의 명복을 빌었다.

곽은의 제사가 끝나고 모두들 돌아가려고 할 때, 제기와 집기를 모두 돌려주었는데 잘 보이지 않는 곳에 낡은 상자 한 개가 남아 있었다. 곽은의 아내가 이것을 발견하고는 깜짝 놀라 하인에게 말했다.

"이 물건이 왜 여기에 있느냐? 빨리 돌려보내라. 이 상자로 인해 우리 남편의 맑은 덕이 더럽혀질까 두렵다."

在官身沒하여
재관신몰

而淸芬益烈하고
이청분익렬

吏民哀悼하며
이민애도

攀轊挑하여
반이호도

旣久而不能忘者는
기구이불능망자

賢牧之有終也니라
현목지유종야

牧民心書 —— 歸官六條

관직에 있다가 죽어
맑은 덕행이 더욱 빛나 아전과 백성이 슬퍼하여 상여를 붙잡고
부르짖으며 울고, 오래되어도 잊지 못하는 것은 어진 목민관이 보여 주는 유종의 미다.
— 은졸 隱卒

진흙을 바른 뒤 세운 선정비

목 비 송 혜　　유 송 유 첨　　　수 즉 거 지
木碑頌惠는 有誦有諂하니 隨卽去之하고

즉 행 엄 금　　무 저 호 치 욕 의
卽行嚴禁하여 毋底乎恥辱矣니라.

목비(木碑)를 세워 덕정(德政)을 칭송하는 것은 찬양하는 것도 있고 아첨하는 것도 있다.
그러므로 세우는 대로 곧바로 없애고 엄금하여 치욕에 이르지 않도록 해야 한다.

— 유애 遺愛

조선 헌종 때 판서 이상황은 충청도의 암행어사가 되어 길을 나섰다. 괴산군을 지나는데 저 멀리 미나리 밭 근처에서 한 농부가 허리를 굽혀 무언가를 하고 있었다. 그는 팔뚝만 한 나무판을 진흙 속에 거꾸로 꽂았다가 다시 빼내어 바로 세운 후 길에 꽂았다. 즉 나무판에 진흙을 묻힌 뒤 꽂아 세우는 것이었다. 그리고는 수십 걸음 앞으로 걸어가 또 다른 나무판 하나에 진흙을 묻힌 다음 길가에 꽂았다. 이상황이 농부에게 다가갈 때까지 그는 같은 행동을 다섯 번이나 반복했다.

"지금 무슨 일을 하고 있는 것이오?"

그러자 농부가 대답했다.

"이 나무판은 선정비입니다. 선비께서는 이에 대해 더 이상 묻지 마시고 그냥 가던 길이나 가시지요."

선정비란 선정善政을 기리기 위한 비인데, 왜 이유를 묻지 못하게 하는지 이상황은 더욱 궁금하지 않을 수 없었다.

"무슨 사정이 있는지 자세한 것은 묻지 않겠소. 그러나 이 하나만은 몹시 궁금하니 대답을 해주시오. 그 선정비라는 것을 왜 진흙을 묻혀서 세우는 것이오?"

농부가 마지못해 대답을 했다.

"어제 관청의 이방이 저를 불러 말하기를, 지금 암행어사가 사방으로 돌아다니고 있는 중이니 아무도 없는 새벽녘에 이 나무판을 동쪽 길에 다섯 개, 서쪽 길에 다섯 개씩 세우라고 했답니다."

"그럼 그 명에 따르면 그만이지 왜 진흙을 묻혀서 세우고 있소?"

"눈먼 어사가 진짜로 선정을 베풀어 비를 세운 것으로 생각할까 염려되어 진흙 칠을 하여 세우는 것입니다. 이제 더 이상은 묻지 말아주십시오."

농부는 그 말을 끝내자마자 서둘러 자리를 피했다. 이상황은 농부의 행동이 무슨 뜻인지 알아채고는 그 길로 돌아가 앞뒤 정황을

캐었다. 무엇보다 먼저 선정비에 얽힌 내막부터 따져 관청의 이방
은 봉고파직되었다.

牧民心書 原文

目民心書 원문

관직에 처음 부임하면서 지켜야 할 사항들

제1조 제배除拜 **: 목민관직에 임명되면서**

- 다른 벼슬은 다 욕심을 부려 구해도 좋지만, 목민관⁵만큼은 욕심내
  어 구할 것이 못 된다.

- 제배⁶된 처음에는 재물을 함부로 써서는 안 된다.

- 저보를 처음 내려 보낼 때 그 폐단을 덜 수 있는 것은 덜도록 해야
  한다.

- 신임 여비를 국비로 받고서도 또 민부를 거둔다면 이는 임금의 은

---

5 '목민관'이란 백성을 다스려 기르는 관리라는 뜻으로, 고을의 원(員)이나 수령 등을 통틀어 이른다. 현
  대로 말하면 군수나 시장급의 관료들이라 할 수 있다.
6 제수(除授)라고도 하며, 천거에 의하지 않고 임금이 직접 벼슬을 내리던 일

혜를 감추고 백성의 재물을 약탈하는 것으로 그렇게 해서는 안 된다.

제2조 치장治裝 : 검소한 부임 길

- 행장을 꾸릴 때, 의복과 말은 모두 헌것을 그대로 쓰고 새로 마련해서는 안 된다.
- 수행하는 사람이 많아도 안 된다.
- 이부자리와 솜옷 외에, 책을 한 수레 싣고 간다면 청렴한 선비의 행장이라 할 수 있다.

제3조 사조辭朝 : 조정에 부임인사를 하며

- 양사兩司[7]의 서경署經[8]이 끝나고 임금에게 하직 인사를 드린다.
- 공경[9]과 대간에게 들러 하직 인사를 드리면서는 자신의 재주와 기량을 자랑하지 말고 녹봉이 많으니 적으니 하고 말해서도 안 된다.
- 전관銓官[10]에게 들러 하직 인사를 하면서 감사하다는 말을 해서는 안 된다.
- 자신을 맞이하고자 아전과 하인이 오면 그들을 정중하고 온화하게 대하고 간결하며 과묵하게 해야 한다.
- 임금에게 하직하고 대궐문을 나서면 굳건하게 백성들의 바람에 부응하고, 임금의 은혜에 보답하겠다고 마음속으로 다짐해야 한다.

---

7 조선 때 임금의 잘못을 간하고 관원의 기강을 밀았던 사헌부와 사간원
8 관원에 임명된 자의 신원을 조회하여 서명하는 일
9 3정승과 6판서 등 고위 관료
10 관원을 추천하여 임명하는 지위에 있는 사람

• 이웃 고을로 관직을 옮겨 가까운 길로 부임하게 되는 경우에는 사조辭朝[11]하는 예는 갖추지 않는다.

제4조 계행啓行 : 부임 행차

• 부임하는 길에서는 정중하고 화평하며 간결하고 과묵하기를 마치 말을 못하는 사람처럼 해야 한다.

• 지나가는 길에 미신으로 꺼리는 일이 있어 큰길을 버리고 먼 길로 돌아가는 일이 생긴다면, 마땅히 큰길로 지나가면서 사악하고 괴이한 속설을 무너뜨리고 가야 한다.

• 관청에 귀신과 요괴가 있다고 하거나 아전들이 금기가 있다고 말하더라도 모두 구애받지 말고 남을 부추기는 못된 관습들을 타파해야 한다.

• 지나다가 들르는 관부에서는 마땅히 선배 목민관들에게서 다스리는 이치를 깊이 강구할 것이고 농지거리와 웃음으로 밤을 새워서는 안 된다.

• 부임 전 하룻밤은 이웃 고을에서 자야 한다.

제5조 상관上官 : 임지에 도착해서

• 부임할 때에는 날을 가리지 않되 비가 오면 개기를 기다리는 것이 좋다.[12]

---

11 임금에게 부임 인사를 하는 일
12 비바람이 치고 일기가 흐리면 백성들의 이목을 새롭게 할 수 없기 때문에 날씨가 청명해지기를 잠깐

- 부임해서는 관속들의 인사를 받는다.
- 인사하고 물러가면 단정하게 앉아서 백성을 다스릴 방도를 생각해야 한다. 너그럽고 엄숙하고 간결하고 치밀하게 규모를 미리 정하되, 오직 시의時宜[13]에 알맞도록 할 것이며 이를 스스로 굳게 지켜나가도록 힘써야 한다.
- 다음 날 향교에 나아가 선성을 알현하고 이어 사직단社稷壇[14]으로 가서 살펴보되 공손하게 해야 한다.

제6조 이사莅事 : 취임 첫날의 정사

- 이튿날 새벽에 자리를 펴고 정사를 보기 시작한다.
- 이날 선비와 백성들에게 명을 내려 그들에게 할 말이 있으면 하게 해야 한다.
- 이날 백성들의 소장訴狀이 들어오면 마땅히 판결은 간결하게 해야 한다.
- 이날 명을 내려서 백성들과 몇 가지 일을 약속하고, 관아 바깥 기둥에 특별히 북 하나를 걸어 둔다.
- 관청에서 하는 일에는 기한이 있는데, 그 약속을 잘 지키지 않으면 백성들이 법을 가볍게 여길 것이므로 반드시 기한을 지키도록 해야 한다.

기다리라는 말이다.
13 당시의 사정에 맞는 것
14 토지 신과 곡식의 신에게 제사 지내는 곳

- 이날 책력에 맞추어서 작은 책자를 만들고, 모든 일의 정해진 기한을 기록하여 비망록을 삼아야 한다.
- 다음날 늙은 아전을 불러서 화공을 모아 그 고을의 경내 지도를 그린 다음 관아의 벽에 걸어 두도록 한다.
- 도장의 글씨가 마멸되어서는 안 되고, 서명도 조잡해서는 안 된다.
- 이날에 나무 인장 몇 개를 새겨 여러 마을에 나누어 주어야 한다.

관리들이 지녀야 할 마음 자세들

제1조 칙궁(飭躬)[15] : 몸가짐은 단정하게

- 일상생활에서는 절도가 있고 복장을 단정히 하며 백성들을 만날 때에 장중(莊重) 하게 하는 것이 옛사람의 도였다.

- 공사에 틈이 날 때, 반드시 정신을 집중하여 고요히 생각하며 백성을 편안히 할 방법을 생각하여 지극정성으로 잘 되기를 찾아야 한다.

- 말을 많이 하지 말고 갑자기 성내지 말아야 한다.

- 아랫사람을 너그럽게 거느리면 순종하지 않는 백성이 없다. 그러므로 공자는 '윗사람이 되어 너그럽지 못하고 예를 차리되 공경하

---

15 몸을 단단히 타일러서 경계하는 것

지 않으면 그에게서 무엇을 보겠는가.' 라고 했다. 또한 너그러우면 많은 사람을 얻게 된다'고 했다.

- 관부의 체통은 엄숙하게 하기를 힘써야 하므로 목민관의 자리 옆에 다른 사람이 있어서는 안 된다.

- 군자가 무게가 없으면 위엄이 없으니 백성의 윗사람이 된 사람은 신중히 하지 않으면 안 된다.

- 술을 금하고 여색을 멀리하고 노래와 음악을 물리치고 공손하며, 엄숙하기를 큰 제사를 지내듯 하고, 유흥에 빠져 정사를 어지럽히고 시간을 헛되이 보내는 일이 없어야 한다.

- 한가하게 놀면서 풍류로 세월을 보내는 일은 백성들이 좋아하지 않으니, 단정하게 앉아서 움직이지 않는 것보다 못하다.

- 이미 백성들이 잘 다스려지고 백성들 모두 즐거워하면 풍류 거리를 만들어 백성들과 함께 즐기는 것도 선배 수령들의 성대한 일이었다.

- 따르는 사람을 적게 하고 얼굴빛을 부드럽게 하여 민정을 묻는다면 좋아하지 않을 사람이 없을 것이다.

- 정당에서 글 읽는 소리가 나면 이는 청렴한 선비라 할 수 있다.

- 만약 시를 읊조리고 바둑이나 두면서 정사를 아래 아전들에게 맡겨 두는 것은 매우 옳지 못한 일이다.

- 전례에 따라 사무를 줄이고 대체를 힘써 지키는 것도 한 가지 방법이다. 그러나 시대의 풍속이 맑고 지위도 높고 명망도 두터운 사람이라야 그렇게 할 수 있다.

제2조 청심淸心 : 마음가짐은 청렴하게

- 청렴은 목민관의 기본 임무이고, 모든 선의 근원이며 모든 덕의 근본이다. 청렴하지 않은 마음으로 목민관 노릇을 할 수 있는 자는 아무도 없다.

- 청렴은 천하의 큰 장사와 같기 때문에 크게 탐하는 자는 반드시 청렴하려고 애쓴다. 사람이 청렴하지 않은 것은 그 지혜가 부족하기 때문이다.

- 그러므로 옛날부터 지혜가 깊은 선비는 청렴을 교훈으로 삼고 탐욕을 경계하지 않은 사람이 없었다.

- 목민관이 청렴하지 않으면 백성들은 그를 도적으로 여겨 마을을 지날 때는 더럽다 욕하는 소리가 드높을 것이니 이는 수치스러운 일이다.

- 뇌물을 주고받는 것을 누군들 비밀리에 하지 않겠는가마는, 반드시 밤중에 한 일은 아침이면 드러난다.

- 선물로 보내 온 물건은 비록 작은 것이라 하더라도 은혜의 정이 맺어진 것이므로 이미 사사로운 정이 행해진 것이다.

- 청렴한 관리를 귀하게 여기는 까닭은 그가 지나가는 곳은 산림과 천석[16]같은 자연까지도 모두 맑은 빛을 입게 되기 때문이다.

- 그 고을에서 나오는 진귀한 물건은 반드시 고을에 폐단이 될 것이니 지팡이 하나도 가지고 돌아가지 않아야만 청렴하다고 할 수 있

16 샘물과 바위. 모든 자연

을 것이다.

- 과격한 행동이나 각박한 정사는 인정에 맞지 않으므로 군자가 꺼려하는 일이니 취해서는 안 된다.

- 청렴하지만 치밀하지 못하고 재물을 쓰면서도 실효를 거두지 못한다면 이는 칭찬할 일이 못 된다.

- 백성들이 만든 물건을 사들일 때 관청에서 매겨 놓은 가격이 너무 헐하다면 마땅히 시가時價[17]로 사들여야 한다.[18]

- 예로부터 내려오는 그릇된 관례는 결심을 굳게 다져 고치도록 힘쓰고, 만약 고치기가 쉽지 않다면 자신이라도 그 관례를 따르지 말아야 한다.

- 포목과 비단을 사들일 경우에는 인첩印帖[19]이 반드시 있어야 한다.[20]

- 날마다 쓰는 장부는 자세히 볼 것이 아니니 끝에 서명을 빨리 해야 한다.

- 목민관의 생일 아침에는 아전과 군교 등 여러 부서에서 성찬을 올리더라도 받아서는 안 된다.

- 청렴한 목민관이지만 잘못된 관례로 인해 생긴 재물을 사사로이 챙기지 않고 백성들에게 내어 놓는 경우가 있는데, 그때는 큰 소리

---

17 시장에서 거래되는 현실적인 가격
18 관청에서 민간의 물건을 사들이는 가격은 백 년이 지나도 좀체 바뀌지 않았다고 한다. 그래서 파는 이가 손해를 보는 것은 물론이고 사들이는 관리들조차도 너무 터무니없는 가격이라 아주 곤혹스러워했다고 한다.
19 관청의 도장이 찍혀 있는 장부
20 아전들의 농간을 경계하기 위함이다. 즉 관에서 쓸 물건임을 핑계 삼아 상인들에게 손실을 입혀서는 안 될 일이므로 거래를 명확하게 하기 위해 장부를 만들어 두게 한 것이다.

로 떠들지 말고 자랑하는 기색을 나타내서도 안 되며, 남에게 이야기를 옮겨서도 안 된다.

- 청렴한 자는 은혜롭게 용서하는 일이 적기 때문에 사람들이 이를 오히려 병으로 여긴다. 자신은 무겁게 책망하고, 남은 가볍게 책망하는 것이 옳다. 청탁이 행해지지 않으면 청렴하다고 할 수 있다.

- 청렴하다는 명성이 사방에 퍼져서 좋은 소문이 날로 드러나면 이 역시 인생의 지극한 영화다.

제3조 제가齊家 : 집안 법도는 바르게

- 자신을 수양한 뒤 집안을 다스리고, 집안을 다스린 뒤에 나라를 다스림은 천하의 공통된 이치다. 고을을 다스리고자 하는 자는 먼저 제집부터 잘 다스려야 한다.

- 국법에 어머니를 모셔다가 봉양하면 나라에서 그 비용을 대주지만, 아버지의 경우에는 그 비용을 대주지 않는 것은 뜻이 있다.[21]

- 청렴한 선비가 목민관으로 나갈 때는 가족을 데리고 가지 않는데, 여기서 가족이란 처자를 이르는 말이다.[22]

- 형제간에 서로 생각이 날 때는 가끔 왕래해도 되지만 오래 머물러

---

21 남존여비(男尊女卑) 사상이 엿보이는 대목으로, 여자는 경제 자립 능력이 없으므로 나라에서 주는 재물로 봉양을 해도 되지만, 남자의 경우 활동 능력이 있음을 감안한 것으로 볼 수 있다.

22 목민관이 부임하면서 임지에 처자를 데리고 가면 고을을 다스리는 데 지장을 주지 않을까 염려했기 때문인 것으로 보인다. 옛말에 말하기를 '수령으로 나가는 자는 세 가지를 버리게 된다. 첫째는 가옥을 버려야 하니 가옥을 비워 두면 허물어지게 마련이다. 둘째는 종들을 버려야 하니 종들이 놀고 한가하면 방자해지기 마련이다. 셋째는 아이들을 버려야 하니 어린 자제들이 호사스러우면 게으르고 방탕해진다'고 했다.

서는 안 된다.

• 손님이나 하인이 많더라도 따뜻한 말로 작별해야 하며, 데리고 가는 종이 많더라도 양순한 자를 고를 것이요, 사사로운 정에 끌려서는 안 된다.

• 내행(內行)[23]이 내려오는 날에는 행장을 아주 검소하게 해야 한다.

• 의복이 사치스러운 것은 여러 사람이 꺼리는 바이고, 귀신이 질투하는 바이며 복을 꺾는 길이다.

• 사치스런 음식을 먹는 것은 재물을 소비하고 물자를 탕진하는 것이며 재앙을 불러들이는 길이다.

• 규문(閨門)[24]이 엄하지 않으면 집안의 법도가 문란해진다. 가정에 있어서도 그러한데 하물며 관서에 있어서야 어떠하겠는가. 법을 마련하여 거듭 금하고, 그 처벌은 우레와 같고 서리와 같이 해야 한다.

• 청탁이 행해지지 않고 뇌물이 들어오지 못하게 막는다면 이로써 집안을 바로잡았다고 할 수 있다.

• 물건을 살 때에 가격을 따지지 않고, 위력으로 사람을 부리지 않으면 규문이 존엄해질 것이다.[25]

• 집안에 애첩을 두면 부인이 질투하게 마련이다. 행동이 한 번 잘못

---

23 부인의 행차
24 규중(閨中). 부녀자가 거처하는 곳
25 상산록에 이렇게 되어 있다. "법도 없는 집은 아전과 종들이 늘 염석문 밖에 섰다가 무명, 삼베, 명주, 생모시 따위를 보따리로 싸서 지게에 잔뜩 지워 안채로 보내어 고르도록 하면, 억센 노비들이 거칠다느니 성글다느니 값이 비싸다느니 하며 좋은 물건을 골라 싼값으로 팔기를 강요하여 시끄러운 소리가 바람결에 흘러 나가고 얕은 속셈이 여러 사람의 눈에 훤히 드러나 보인다. 그래서 포목 장수가 밖으로 나오면 나쁜 소문이 사방에 퍼지니 이것은 천하에 큰 부끄러움이다."

되면 소문이 사방에 퍼진다. 그러니 일찍 사사로운 정욕을 끊어 후회함이 없도록 해야 한다.

- 인자한 어머니의 가르침이 있고 처자들이 계율을 지키면 이는 법도 있는 집안이라 말할 수 있을 것이니, 백성들도 이를 본받을 것이다.

제4조 병객屛客[26] : 사사로운 손님을 사절함

- 관아의 손님을 두는 것은 좋지 않다. 오직 서기 한 사람이 겸임하여 안의 일을 보살피도록 해야 한다.
- 본 고을 백성과 이웃 고을 사람들을 만나서는 안 된다. 무릇 관아는 엄숙하고 맑아야 한다.
- 친척이나 친구가 관내에 많이 살면 단단히 약속하여 의심하거나 비방하는 일이 없게 하고, 서로 우정을 보존하도록 해야 한다.
- 조정의 높은 관리가 사신을 보내어 뇌물로 청탁하는 것을 들어주어서는 안 된다.
- 가난한 친구와 딱한 친척이 먼 데서 찾아오면 마땅히 즉시 맞이하여 후하게 대접한 뒤 돌려보내야 한다.
- 문단속을 엄하게 하지 않으면 안 된다.

제5조 절용節用 : 모든 것은 절약해서 써야

- 목민관 일을 잘 하려는 자는 반드시 인자해야 하고, 인자하려면 반

---

26 손님을 물리치는 것

213

드시 청렴해야 한다. 청렴하려면 반드시 절약해야 하는데, 절약해서 쓰는 일은 목민관이 맨 먼저 힘써야 할 일이다.

- '절節'이라는 말은 한계를 두어 억제하는 것이다. 한계를 두어 억제하는 데는 반드시 법식이 있어야 하는데, 법식이란 것은 절약해서 쓰는 근본이다.

- 의복과 음식은 검소함을 법식으로 삼아야 하니, 조금이라도 법식을 넘으면 지출에 절제가 없게 된다.

- 제사와 손님 접대는 비록 개인적인 일이지만 일정한 법식이 있어야 한다. 가난하고 작은 고을에서는 법식을 차리기보다는 줄여서 써야 한다.

- 내사內舍[27]에 보내는 물건은 다 법식을 정하되, 한 달에 쓰는 것은 모두 초하룻날 바치게 해야 한다.

- 공적인 손님을 대접하는 데도 먼저 법식을 정하고, 기일 전에 물건을 마련하여 예리禮吏[28]에게 주며 비록 남는 것이 생기더라도 도로 찾지 말아야 한다.

- 아전과 노복들이 바치는 물건으로써 회계에 들어 있지 않은 것은 마땅히 더욱 절약해야 한다.

- 자기 것을 절약하는 일은 보통 사람도 할 수 있지만, 공고公庫[29]를 절약하는 이는 드물다. 공물을 사물처럼 보아야 어진 목민관이라

---

27 안채. 살림하는 집
28 예법을 맡아보는 아전
29 공용의 재화를 쌓아 두는 창고

할 수 있다.

- 벼슬이 갈려서 돌아가는 날에는 반드시 기재한 장부가 있어야 하므로 기재할 액수를 미리 준비해야 한다.

- 천지가 만물을 낳아 사람으로 하여금 누려서 쓰게 한 것이니, 하나의 물건이라도 버리지 않아야 재물을 잘 쓴다고 할 수 있다.

제6조 낙시樂施 : 은혜를 베풀어야

- 절약만 하고 쓰지 않으면 친척도 멀어진다. 베풀기를 인색하지 않게 하는 것이 바로 덕을 심는 근본이다.

- 가난한 친구나 딱한 친척들은 힘을 헤아려서 돌보아 주어야 한다.

- 내 녹봉에 남는 것이 있어야 남에게 베풀 수 있고, 관가의 재물로 사사로이 다른 사람을 돌보아 주는 것은 예가 아니다.

- 관에서 받는 녹봉을 절약하여 그곳 백성에게 돌려주고, 자기 전답의 수입으로 친척들을 돌보아 주면 원망이 없을 것이다.

- 귀양살이하는 이가 객지에서 궁핍하게 지내면 불쌍히 여겨 도와주는 것 역시 어진 사람의 할 일이다.

- 전쟁 때 난을 피해 떠돌아다니며 붙어사는 사람을 불쌍히 여겨 보호해 주는 것은 의로운 사람의 할 일이다.

- 권세 있는 집안을 후히 섬겨서는 안 된다.

일을 처리할 때 관리들이 명심해야 할 사항들

제1조 선화宣化 : 임금의 덕화를 널리 펼쳐야

- 군수나 현령은 본래 임금의 뜻을 받들어 흐르게 하고 널리 교화를
  펴는 것인데, 요즈음 감사에게만 이 책임이 있다고 말하는 것은 잘
  못이다.

- 윤음[30]이 이 고을에 도착하면 백성들을 모아 놓고 친히 선포하여
  국가의 은덕을 알게 하여야 한다.

- 교문敎文[31]이나 사문敎文[32]이 현에 도착하면 사실의 요점을 뽑아 백

---

30 임금의 명령
31 임금의 명령을 적은 글
32 죄를 사면하는 글

성들에게 선유宣諭[33]하여 각자 모두가 잘 알도록 하여야 한다.

- 망하望賀의 예[34]는 엄숙하고 조용히 올려야 하며, 최대한 경건하게 하여 백성들로 하여금 조정의 존엄함을 알게 해야 한다.

- 망위례望慰禮[35]는 일체 의주儀注[36]를 따라야 하지만, 옛날의 예를 강구하지 않을 수 없다.

- 나라의 제삿날에는 공무를 보지 않고 형벌도 집행하지 않으며, 음악도 베풀지 말아야 하는데, 모두 범례에 따라 해야 한다.

- 조정의 법령이 내려왔는데 백성들이 좋아하지 않아서 봉행할 수 없으면 병을 핑계 삼아 벼슬을 그만두어야 한다.

- 새서璽書[37]가 멀리 내려오는 것은 목민관의 영광이요, 꾸짖는 책유責諭[38]가 때때로 오는 것은 목민관의 두려움이다.

제2조 수법守法 : 흔들림 없이 법을 지켜야

- 법이란 임금의 명령이다. 법을 지키지 않음은 임금의 명령을 따르지 않는 것이 되는데, 신하로서 감히 그래서야 되겠는가.

- 법을 굳게 지켜서 굽히지도 흔들리지도 않으면 사사로운 욕심이 물러가고 천리天理가 유행流行[39]하게 될 것이다.

---

33 임금의 가르침을 널리 알리는 것
34 명절 등에 목민관이 전패에 나아가 축하하면서 절하는 의식(전패는 각 고을에 설치해 둔 궁궐을 상징하는 곳).
35 국상 때 대궐 쪽을 향해 조의를 표하는 의식
36 나라의 의식 절차를 적은 책
37 옥새를 찍은 문서
38 임금이 신하에게 잘못을 문책하기 위하여 내리는 글 또는 백성들에게 내리는 훈시
39 널리 퍼져 돌아다니는 것

- 국법이 금하는 것과 형률에 실려 있는 것은 마땅히 두려워하여 감히 범하는 일이 없도록 해야 한다.
- 이익에 유혹되지 않고 위협에 굴복되지 않는 것이 법을 지키는 도리다. 비록 상관이 독촉하더라도 받아들이지 않는 굳건함이 있어야 한다.
- 해가 없는 법은 지키어 고치지 말고, 사리에 맞는 관례는 따르고 버리지 않도록 해야 한다.
- 한 고을의 예란 그 고을의 법이다. 그것이 사리에 맞지 않을 때에는 수정하여 지켜야 한다.

제3조 예제禮際 : 대인관계는 원만하게

- 예의를 갖춰 교제하는 것은 군자가 신중히 여기는 바이니, 공손함이 예의에 가까우면 치욕스러움을 멀리 할 수 있을 것이다.
- 외관外官[40]이 사신과 서로 만날 때는 예의를 갖춰야 하는데 그 예의는 나라의 법전에 실려 있다.
- 연명延命[41]의 예를 감영에 나아가서 행하는 것은 옛 예가 아니다.
- 감사는 법을 집행하는 관리이니, 비록 옛날부터 좋게 지내는 사이라 하더라도 그것을 믿어서는 안 된다.
- 영하 판관은 상급 영에 대하여 각별히 공경하며 예를 극진히 하여 소홀한 점이 있어서는 안 된다.

---

40 조정 밖의 관원이란 뜻으로 수령
41 임금의 명령을 맞이하여 받아들이는 것

- 상사가 아전과 군교들의 죄를 조사하느라 다스릴 때에는 일이 비록 사리에 어긋나더라도 순종하고 어기지 않는 것이 좋다.
- 잘못은 목민관인 자신에게 있는데 상사가 자기에게 아전과 군교의 죄를 다스리라고 하는 경우에는 죄수를 다른 고을로 옮겨 다스리기를 청해야 한다.
- 상사가 명령한 것이 공법에 어긋나고 백성들에게 해가 되는 것이면 꿋꿋하게 굽히지 말고 확실하게 지켜야 한다.
- 예는 공손히 하지 않으면 안 되고 의는 결백하게 하지 않을 수 없으니, 예와 의가 아울러 온전하여 온화한 태도로 도에 맞아야 이런 사람을 군자라 한다.
- 이웃 고을과 서로 화목하고 예로써 대접해야 뉘우침이 적을 것이다. 이웃 목민관과는 형제 같은 의가 있어야 하는데, 비록 상대방 쪽에 잘못이 있더라도 그자와 같아서는 안 될 것이다.
- 교대한 사람과는 동료의 우의가 있으니 뒷사람에게 미움 받을 일을 앞사람이 하지 말아야 원망이 적을 것이다.
- 전관에게 흠이 있으면 덮어 주어 나타나지 않도록 하고, 전관이 죄가 있으면 도와서 죄가 되지 않도록 해야 한다.
- 대체로 정사의 너그럽고 가혹한 것과 정령의 좋고 나쁜 것은 계승하기도 하고 변통하기도 하여 그 잘못된 점을 해결해야 한다.

제4조 문보 文報[42] : 대공문서의 처리는 완벽하게

● 공문서는 마땅히 정밀하게 생각하여 손수 써야지 아전들의 손에 맡겨서는 안 된다.

● 공문서는 격식과 문구가 경사經史와 다르기 때문에 서생이 처음 부임하면 흔히 어리둥절하게 된다.

● 상납의 글, 기송起送의 글, 지회知會의 글, 도부到付의 글 등은 아전이 관례에 따라서 보내도 좋다.

● 폐단을 말하는 공문, 청구하는 공문, 방색防塞하는 공문, 변송辨訟하는 공문은 반드시 그 문장이 분명하고 성의가 간절하여야 사람을 움직일 수 있다.

● 인명에 관한 보고서는 고치고 지우는 것을 염려해야 하고, 도적에 관한 보고서는 그 봉함을 비밀히 해야 할 것이다.

● 농사 형편에 대한 보고서와 비가 온 데 대한 보고서는 늦게 해도 될 것과 빨리 해야 할 것이 있다. 요컨대 모두 제때에 맞추어 해야 무사하게 된다.

● 마감[43]의 보고서는 잘못된 관례를 바로잡아야 하고, 연분의 보고서는 부정의 사단을 살펴야 할 것이다.

● 조목의 수가 많은 것은 장부에 색인을 만들어 붙여야 하고, 조목이 적은 것은 후록後錄에 정리해 둔다.

● 월말의 보고서 가운데 없어도 좋은 것은 상사와 의논하여 없애도

---

42 문서로 보고하는 일
43 회계 장부 등을 결산하는 것

록 해야 할 것이다.

- 여러 영에 대한 보고서나, 아영에 대한 보고서 그리고 경사에 대한 보고서, 사관에 대한 보고서 등은 모두 관례에 따른 것이니 특별히 유의할 것은 없다.

- 이웃 고을로 보내는 문서는 말투를 좋게 하여 오해가 생기지 않도록 해야 한다.

- 공문이 지체되면, 반드시 상사의 독촉과 문책을 당하게 될 것이니 이는 봉공하는 도리가 아니다.

- 위로 올리고 아래로 전하는 문서들은 마땅히 기록하여 책으로 만들어서 후일에 참고하도록 하고, 기한이 정해진 것이 있다면 따로 작은 책을 만들어야 한다.

- 만약 국경 관문의 열쇠를 맡아 곧장 장계[44]를 보낼 때는 더욱 격식과 관례를 분명히 익혀 두려운 태도로 조심하도록 해야 한다.

제5조 공납 貢納 : 공물 납부는 엄정하게

- 재물은 백성에게서 나오는 것이며, 이를 수납하는 자는 목민관이다. 아전의 부정을 잘 살피기만 하면 비록 목민관이 관대하게 하더라도 폐해가 없지만 아전의 부정을 살피지 못하면 비록 엄하게 하더라도 이익이 없다.

- 전조나 전포는 국가의 재정에 가장 긴급한 것들이다. 넉넉한 민호

---

44 임금에게 보고하는 글

의 것을 먼저 징수하되, 아전들이 훔쳐 빼돌리지 못하게 해야만 제 기한에 댈 수 있을 것이다.

- 군전, 군포는 경영에서 항상 독촉하는 것들이다. 거듭 징수하는가를 잘 살피고, 퇴짜 놓는 일이 없게 하여야 백성의 원망이 없을 것이다.

- 공물이나 토산물은 상사에서 배정하는 것이다. 전에 있던 것을 성심껏 이행하고 새로 요구하는 것을 막아야 폐단이 없게 될 것이다.

- 잡세나 잡물은 가난한 백성들이 몹시 괴로워하는 것들이다. 쉽게 얻을 수 있는 것은 보내도록 하고, 마련하기 어려운 것은 사절하여야 허물이 없게 된다.

- 상사가 이치에 맞지 않는 일을 군현에 강제로 배정하면 목민관은 마땅히 그 이해를 차근차근 설명하여 봉행하지 않기를 기해야 한다.

- 내수사[45]나 제궁에 상납할 때 그 기일을 어기면 역시 사단이 생기니 소홀히 해서는 안 된다.

제6조 요역搖役 : 내가 할 일은 내가 해야

- 상사上司에서 차출하여 보내면 모두 순순히 받들어 행해야 한다. 일이 있다거나 병이 났다고 핑계를 대어 스스로 편하기를 꾀하는 것은 군자의 도리가 아니다.

- 상사의 공문서를 가지고 서울에 가는 인원으로 차출되었을 때는

---

45 대궐 안에서 쓰는 물건을 관리하는 관서

사절해서는 안 된다.

- 궁묘의 제사 때 제사를 지내는 관원으로 차출되면 재숙_{齋宿}[46]하고 제사해야 한다.

- 시원_{試院}[47]에 경관과 함께 고시관으로 차출되어 과장에 나가게 되면 한결같은 마음으로 공정하게 집행해야 하고, 만일 경관이 개인적인 정을 행하려고 한다면 옳지 않음을 고집해야 할 것이다.

- 사람 목숨이 달린 옥사_{獄事}에 검시관이 되기를 피하려 하면, 국가에는 그것을 다스리는 일정한 법률이 있으니 범해서는 안 된다.

- 추관_{推官}[48]이 편의를 취하여 문서만을 거짓으로 꾸며서 상사에게 보고하는 일은 옛 사람의 도리가 아니다.

- 조운_{漕運}[49]을 감독하는 차사원이 되어 조창에 가서 잡비를 덜어주고 아전이 함부로 빼앗는 것을 금지하면, 칭송하는 소리가 길가에 가득할 것이다.

- 조선_{漕船}[50]이 자기 경내에 침몰하면, 쌀을 건져내고 쌀을 말리는 일은 불타는 것을 구해 내듯이 급하게 하여야 한다.

- 칙사를 맞이하고 보낼 때, 차사원이 되어 호행하게 되면, 각별히 공경하여 사단이 생기지 않도록 해야 한다.

- 표류해 온 배에 대하여 실정을 물을 때는 사정은 급하고 행하기는

---

46 제사 지내기 전에 경건한 마음으로 밤을 새는 일
47 과거나 시험을 보는 곳
48 죄를 조사하는 관원
49 뱃길로 곡식을 운반하는 일
50 물건을 실어 나르는 배

어려운 것이니 지체하지 말고 시각을 다투어 달려가야 한다.

- 제방을 수리하고 성을 쌓을 때 차사원이 되어 가서 감독하게 되면, 백성들을 위로하여 인심을 얻도록 힘써야 그 일의 공이 이루어질 것이다.

백성을 섬기는 관리의 자세들

제1조 양로養老 : 어른을 공경하는 마음을 가져야

• 양로의 예를 폐하면 백성들이 효도에 뜻을 두지 않으니 목민관은
  이 예를 거행하지 않으면 안 된다.

• 재력이 부족하면 참석 범위를 넓혀서는 안 되니, 80세 이상만을 선
  발해야 한다.

• 양로하는 예법에는 반드시 좋은 말을 구하는 절차가 있다. 그러니
  백성의 폐해를 묻고 고통을 물어서 예에 맞추도록 해야 한다.

• 예법에 의하되 절차는 간략하게 하고, 이를 학궁學宮[51]에서 거행하

---

51 학교. 향교나 성균관

도록 한다.

- 옛날 훌륭한 이들이 이것을 닦고 시행하여 이미 상례가 되었으므로 오히려 아름다운 공적이 남아 있다.
- 때때로 노인을 우대하는 혜택을 베풀면 백성들이 노인에게 공경할 줄을 알 것이다.
- 섣달 그믐 이틀 전에 노인들에게 음식물을 돌려야 한다.[52]

제2조 자유 慈幼 : 어린이는 사랑의 정신으로

- 어린이를 사랑하는 것은 선왕들의 큰 정사여서 역대 임금님들은 이를 행하여 아름다운 법도로 삼았다.
- 백성들이 곤궁하게 되면 자식을 낳아도 거두지 못하니, 이들을 타이르고 길러서 내 자식처럼 보호해야 한다.
- 흉년에는 자식 버리기를 물건 버리듯 하니, 거두어 주고 길러 주어 백성의 부모가 되어야 한다.
- 우리나라에서도 법을 세워 거두어 기른 아이를 자식으로 삼거나 종으로 삼는 것을 허락했으니, 그 조례가 상세하고도 치밀하다.
- 기근이 든 해가 아닌데도 아이를 버리는 자가 있을 경우에는 민간에서 거두어 기를 사람을 모집해야 한다. 이때 관에서 그 양식을 도와주어야 한다.

---

52 남자로서 80세 이상 된 노인에게는 각각 쌀 1말과 고기 2근씩을 예단을 갖추어서 문안하고, 90세 이상 노인에게는 귀한 반찬 두 접시를 더 보탠다고 기록되어 있다.

제3조 진궁振窮 : 외롭고 가난한 자를 구제함

- 홀아비, 과부, 고아, 늙어서 자식이 없는 사람을 사궁四窮이라 하는데 궁하여 스스로 일어날 수 없고, 남의 도움을 받아야 일어날 수 있다. 진振이란 일으켜 준다는 말이다.

- 결혼할 나이가 지나도록 혼인하지 못한 자는 관에서 성혼이 성사되도록 해야 한다.

- 혼인을 장려하는 정책은 우리나라 역대 임금들이 남겨준 법이니, 목민관은 성심으로 준수해야 한다.

- 매년 정월에 결혼할 나이가 지났는데도 아직 혼인을 하지 못하고 있는 자를 골라 모두 2월에 성혼하도록 해야 한다.

- 홀로 된 사람을 짝지어 주는 정사도 실행해야 한다.

제4조 애상哀喪 : 애도하는 마음으로 상을 도와주어야

- 상을 당한 사람에게 요역[53]을 감하는 것이 옛날의 도였다. 자신이 결정할 수 있는 것은 감해 주는 것이 좋다.

- 기근과 전염병으로 사망자가 속출하면 거두어 매장하는 일을 진휼賑恤[54]과 함께 시행해야 한다.

- 혹시 비참한 사연이 눈에 띄어 측은한 마음을 견딜 수 없으면, 즉시 구제해 주고 주저하지 말아야 한다.

---

53 나라에서 시키는 노동
54 구제해 돌보는 일

- 혹 먼저 객지에 와서 벼슬 살던 사람의 영구霊柩[55]가 그 고을을 지나가면 운반도 돕고 비용도 도와주는 것을 성심껏 후하게 하도록 힘써야 한다.
- 향승이나 아전이나 군교가 상을 당했거나, 본인이 죽었을 때는, 마땅히 부의하고 조문하여 은혜로운 뜻을 보이도록 해야 한다.

제5조 관질寬疾 : 병자를 구호해야

- 폐인과 병이 중한 자는 조세와 요역을 면제해 주는데, 이것을 관질寬疾이라고 한다.
- 곱사등이나 불치병을 앓고 있는 사람처럼 자력으로 생활할 수 없는 자에게는 의지할 곳과 살아갈 길을 마련해 주어야 한다.
- 군졸들 중에 추위와 굶주림으로 인하여 여위고 병든 자에게는 옷과 음식을 주어 죽지 않도록 해야 한다.
- 온역瘟疫[56]이 유행할 때 어리석은 풍속에 꺼리는 것이 많으니, 어루만지고 치료해 주어서 두려워하지 않도록 해야 한다.
- 온역, 천연두 등 여러 민간에서 난 병으로 많은 백성이 요절하는 천재가 유행할 때는 마땅히 관에서 구제해 주어야 한다.
- 유행병이 돌아 사망하는 자가 아주 많을 때에 이들을 치료하고 매장해 주는 자에게는 상을 주도록 청하여야 한다.
- 근래에 유행한 마각온의 치료에도 역시 새로운 처방이 있는데, 연

55 시신을 담은 관
56 봄철에 유행하는 급성 전염병

경京⁵⁷으로부터 서울에 들어온 것이다.

제6조 구재救災 : 재난 구제는 최선을 다하여

• 수재와 화재에 대해서는 나라에 휼전이 있으니 오직 정성스럽게
  행해야 한다. 일정한 규정이 없는 것은 목민관이 스스로 판단하여
  구제해야 한다.

• 무릇 재해와 액운이 있으면 불에 타는 것을 구하고, 물에 빠진 것을
  건져 내야 하는데 마치 내가 불에 타고 물에 빠진 듯 서둘러야지 늦
  추어서는 안 된다.

• 환란이 있을 것을 생각하고 예방하는 것은 이미 재앙을 당하여 은
  혜를 베푸는 것보다 낫다.

• 둑을 쌓고 방죽을 만들면 수재도 막고 수리도 일으키니 이것은 두
  가지 이익이 있는 방법이다.

• 재해가 사라지고 나면 어루만져 주고 편안히 모여 살게 해야 한다.
  이 또한 목민관의 어진 정사다.

---

57 중국 북경의 옛 이름

부하를 다스릴 때 필요한 사항들

제1조 속리 束吏 : 아전을 단속할 때는 너그럽고 엄정하게

• 아전[58]을 단속하는 근본은 자기의 처신을 올바르게 하는 데 달려 있다. 자신이 올바르면 명령하지 않아도 잘 시행되고, 자신이 올바르지 못하면 아무리 명령해도 잘 시행되지 않는다.

• 예로써 정돈하고 은혜로 대우한 다음 법으로써 단속해야 한다. 업신여기고 짓밟거나 잔악하게 부리거나 사리에 어긋나는 일을 하거나 속임수를 쓰면 아무리 단속을 해도 그들이 받아들이지 않는다.

• 윗자리에 있으면서도 너그럽지 못한 처사에 대해서는 이미 성인들

---

58 조선 시대 때 중앙과 지방의 관아에 속한 관리

이 경계했다. 너그럽게 하되 너무 지나치거나 느슨하지 않고, 인자하되 너무 지나치거나 나약하게 행하지 말아야 그르치는 일이 없을 것이다.

• 이끌어 주고 도와주고 가르쳐 주면 그들 또한 사람의 성품을 지녔으니 고치지 않을 리가 없다. 그러므로 먼저 위엄을 행해서는 안 된다.

• 타일러도 깨닫지 못하고 가르쳐도 고치지 않으며 끝내 허물을 뉘우칠 줄도 모르고 사기만을 일삼는 간악한 자는 형벌로 다스려야 한다.

• 아주 간악한 자는 감영 밖에 비를 세우고 그 이름을 새겨 영원히 복직하지 못하도록 해야 한다.

• 목민관이 좋아하는 바를 아는 아전들은 영합[59]하게 마련이다. 내가 재물을 좋아하는 줄 알면 반드시 이익으로써 유인할 것이니, 한 번 꾐을 받으면 그때는 그들과 함께 죄에 빠지게 된다.

• 목민관의 성품이 편벽[60]되면 아전은 그 틈을 엿보아 바로 격동하게 하여 자신의 간계를 쓰게 된다. 그리하여 그의 술책에 빠지게 된다.

• 모르는 것을 아는 체하면서 물 흐르듯 쉽게 처리하는 것은 목민관이 아전의 간계에 빠지게 되는 것이다.

• 아전들이 구걸하면 백성들은 고통스러워한다. 금지하고 단속하여 함부로 악한 행동을 하지 못하도록 해야 한다.

• 아전의 인원수가 적으면 한가하게 지내는 자가 적어서 백성들로부

---

59 상대방의 비위를 맞춤
60 성품이 한쪽으로 치우치고 좁아 공정성이 없는 것

터 무리하게 거두어들이는 일이 적을 것이다.

- 요즈음 향리들은 재상과 결탁하고 감사와 내통하여, 위로는 관장을 가볍게 보고, 아래로는 백성들을 들볶는다. 이들에게 굴하지 않는 자라야 현명한 목민관이다.

- 수리는 권한이 무거우니 치우치게 일을 맡겨도 안 되고 자주 불러도 안 되며, 죄가 있으면 반드시 처벌하여 백성들의 의혹을 사지 않도록 해야 한다.

- 아전이 참알할 때에는 흰 옷에 베로 만든 띠를 착용하지 못하게 해야 한다.

- 아전들의 잔치놀이는 백성들이 마음 상해하는 바이니, 엄히 금지하고 자주 경계하여 감히 함부로 놀이하지 못하게 해야 한다.

- 이청에서 매질하는 것 역시 엄금해야 한다.

- 부임한 지 두어 달이 지나면 향리들의 이력서를 책상 위에 비치한다.

- 아전이 간사한 짓을 하는 데는 사書記[61]가 주모자가 되어 아전의 간사한 짓을 막으려면 그 사를 혼내야 하고, 아전의 간사한 짓을 들추려면 그 사를 캐물어야 한다.

제2조 어중駁衆 : 대중을 통솔함에는 위신을 세워서

- 부하를 통솔하는 방법은 위신威信[62]뿐이다. 위엄은 청렴에서 생기고 신의는 충성에서 나오는 것이니, 충성스러우면서 청렴할 수 있

---

61 서기(書記)의 뜻
62 위엄과 신의

다면 이에 부하를 복종시킬 수 있다.

- 군교軍校는 무인으로 사나운 무리들이니, 그들의 횡포를 막는 데는 마땅히 엄하게 해야 한다.
- 문졸文卒은 옛날의 조예[63]라는 것이니, 관속들 중에서 가장 가르치기 힘든 자들이다.
- 관노의 농간질은 오직 창고에 있다. 그러나 아전이 있으니, 폐해가 심하지 않으면 은혜로써 어루만지고 때로 지나친 것만 막으면 된다.
- 시동侍童[64]이 어리거든 잘 어루만져 기르고, 죄가 있더라도 가볍게 다스려야 한다. 이미 장성한 자는 아전처럼 단속해야 한다.

제3조 용인用人 : 사람을 쓸 때는 적재적소에

- 나라를 다스리는 것은 사람을 잘 임용하는 데 달렸으니, 고을의 규모가 비록 적다 하더라도 사람을 쓰는 일은 나라와 다르지 않다.
- 향승鄕丞은 현령의 보좌관이다. 반드시 그 고을에서 가장 착한 사람을 골라서 그 직책을 맡겨야 한다.
- 좌수座首는 빈석賓席[65]의 우두머리여서 진실로 옳은 인재를 얻지 못하면 모든 일이 다스려지지 않는다.
- 좌별감과 우별감은 수석의 다음이니, 역시 올바른 인재를 얻어서 모든 정사를 의논해야 한다.

---

63 천한 아이
64 항상 수령 곁에서 시중을 드는 어린 아전
65 수령에게 손님 대접을 받는 자리 즉 향청

- 만일 적격자가 없다면 자리만 채워둘 뿐이지 모든 정사를 맡겨서는 안 된다.
- 아첨을 잘 하는 자는 충성스럽지 못하고, 바른 말을 좋아하는 자는 배반하지 않는다. 이 점을 잘 살펴서 행하면 실수를 줄일 수 있을 것이다.
- 풍헌風憲[66]과 약정約正[67]은 모두 향승鄕丞이 추천하는데, 올바르지 못한 사람을 추천한 향승은 그 임명장을 회수해야 한다.
- 군관과 장관으로서 무반에 서게 되는 자는 모두가 씩씩하고 용감하여 외적을 방어할 수 있는 기상이 있어야 한다.
- 막비幕裨[68]를 두는 목민관은 신중하게 인재를 골라야 한다. 우선 충성스럽고 진실해야 하며, 재주와 슬기로움은 그다음으로 해야 한다.

제4조 거현擧賢 : 어진 자를 천거해야

- 어진 사람을 천거하는 일은 목민관의 직책이다. 그 제도는 예와 지금이 다르다. 하지만 어진 사람을 천거하는 일만은 잊어서는 안 된다.
- 경서에 밝고 행실이 뛰어나며 행정 능력이 있는 사람을 천거하는 것은 나라에서 정한 법이 있으니, 그 고을에서 빛을 내는 훌륭한 선비를 모른 체해서는 안 된다.
- 과거科擧[69]란 것은 과목을 천거하는 것이다. 지금 그 법이 비록 없어

---

66 면과 리의 일을 맡는 향직의 하나
67 향약 단체의 임원
68 비장(裨將). 조선 시대 때 감사(監司)나 병사(兵使) 등을 따라다니며 일을 돕던 무관 벼슬
69 우리나라와 중국에서 관리를 뽑을 때 실시하던 시험

졌지만 폐단이 극도에 이르면 반드시 변하는 법이니, 사람을 천거하는 일은 목민관이 힘써야 할 일이다.

• 중국 과거의 법이 매우 자세하고 치밀하니, 그것을 본받아 시행해야 한다. 천거하는 일은 목민관의 직책이다.

• 과거의 향공鄕貢[70]이 비록 우리나라의 제도는 아니라 하더라도 문학하는 선비를 천거장에 적어서 올려야 하며 구차스럽게 해서는 안 된다.

• 관내에 경서를 잘 알고 행실을 독실하게 닦는 선비가 있으면 마땅히 몸소 나아가 그를 방문하고, 명절에는 문안을 드려 예의를 갖춰야 한다.

제5조 찰물察物 : 물정을 살필 때는 엄밀하게

• 목민관은 외로이 있으니 자신이 앉은 자리 밖은 모두 속이는 자들 뿐이다. 사방을 보는 눈을 밝게 하고, 사방을 듣는 귀를 통하게 하는 일은 제왕만이 그래야 하는 것은 아니다.

• 항통[71]법은 백성들을 불안에 떨게 하는 것이니, 절대로 시행해서는 안 된다. 구거로 탐문하는 방법도 속임수에 가까우니 군자가 할 일이 아니다.

• 사계절 첫 달 초하룻날에는 향교鄕校[72]에 체문[73]을 내려서 백성의

---

70 지방의 인재를 천거하는 일
71 대나무 통으로 된 일종의 투서함
72 공자의 제사를 지내기도 하는 각 고을의 교육기관
73 수령이 향교 유생을 가르치는 글

고통을 묻고 그들로 하여금 각자 이해를 지적해서 진술하게 한다.
- 자제와 친한 빈객 가운데 마음가짐이 단정하고 깨끗하며 겸하여 실무에 능한 자가 있으면 그를 시켜 민간의 일을 몰래 살피게 하는 것이 좋다.
- 수리音吏의 권한이 높고 중해서 수령의 총명을 가려 백성의 실정이 상달되지 못하니, 별도로 염탐하는 일을 그만두어서는 안 된다.
- 하찮은 잘못이나 작은 흠은 눈감아 주어야 한다. 지나치게 밝히는 것은 참된 밝음이 아니다. 가끔 부정을 적발하되 그 기민함이 귀신과 같아야 백성들이 두려워한다.
- 좌우에 가까이 있는 사람들의 말을 그대로 믿고 들어서는 안 된다. 실없이 지껄이는 말 같지만 모두 사사로운 뜻이 들어 있게 마련이다.
- 미행微行[74]은 물정을 자세히 살피지도 못하고 체면만 손상시킬 뿐이므로 해서는 안 된다.
- 감사가 염탐할 경우에는 감영의 아전을 시켜서는 안 된다.
- 무릇 감사가 물정을 살피는 데에는 오직 한 나라의 자사 육조가 백성을 다스리는 가장 좋은 법이 된다.

제6조 고공考功 : 성적 평가는 공정하게

- 아전들의 하는 일도 반드시 그 공적을 평가해야 한다. 공적을 따지지 않으면 백성들이 열심히 일하지 않는다.

---

74 신분을 숨기고 순행하는 일

- 국법에 없는 것을 혼자서 행해서는 안 되지만, 그 공과를 적어 두었다가 연말에 공적을 따져 상을 주면 그만두는 것보다 나을 것이다.
- 6년으로 수령의 임기를 정하는 것이 좋은데, 수령은 우선 임기가 길어야만 공적을 의논할 수가 있기 때문이다. 그렇지 못하다면 오로지 신상필벌信賞必罰[75]하여 백성들로 하여금 명령을 믿게 해야 한다.
- 감사가 목민관들의 공적을 따지는 법도 의논의 여지가 있다. 그 법이 이미 부실하므로 실효를 거둘 수 없으니, 임금께 아뢰어 그 방식을 고치게 하는 것이 마땅하다.

---

75 상과 벌을 엄정하게 하는 것

농촌의 현실에 맞는 세금 징수 방법들

제1조 전정 田政 : 농지에 있어서도 근본적인 개혁을

- 목민관은 직분 54조 중에 전정[76]이 가장 어렵다. 그것은 우리나라의 전법 田法 이 원래부터 잘 되어 있지 않기 때문이다.

- 현행 전답을 계산하는 법에는 방전, 직전, 구전, 제전, 규전, 사전, 요고전 등의 명칭이 있는데, 그 추산하고 측량하는 방식은 여전히 쓸모없는 법이기 때문에 다른 밭에는 통용할 수 없다.

- 개량 改量[77]은 전정의 가장 큰일이다. 묵은 전답이나 숨겨둔 토지 등을 조사해 내어 별일 없기만을 도모하되, 만일 부득이할 경우에는

---

76 농지에 대한 정치
77 고쳐서 측량하는 것

개량해야 한다. 그러나 큰 폐해가 없는 것은 모두 예전대로 따르고, 아주 심한 것은 개량하여 원래의 액수를 채우도록 한다.

- 개량의 조례는 늘 조정에서 반포하는 것이 있으니, 그중에서 중요한 것은 반드시 약속을 명백하게 해야 한다.

- 양전量田[78]하는 법은 아래로는 백성을 해치지 않고 위로는 국가에 손해를 끼치지 않으면서 오직 공평하게 해야 한다. 그러나 먼저 책임자를 얻은 뒤에야 이 일을 논의할 수가 있다.

- 경기 지방의 전지는 척박하지만 그 세가 본래 가볍게 되어 있고, 남쪽 지방의 전지는 비옥하지만 그 세가 본래 무겁게 되어 있으니, 그 부負와 속束은 모두 옛날의 것에 따라야 한다.

- 묵힌 전답의 등급이 낮추어져 자호字號[79]가 바뀌면 장차 백성들의 송사가 많아질 것이니, 자호가 바뀐 것은 모두 패면牌面[80]을 지급해 준다.

- 묵힌 전지의 조사는 전정의 큰 항목이다. 진전陳田의 징세에는 억울함이 많으니 진전을 조사하지 않으면 안 된다.

- 진전의 개간은 백성들을 믿을 수 없으니 수령이 정성을 다해 경작을 권유하고, 또한 힘껏 도와주어야 한다.

- 은결隱結[81]과 여결餘結[82]은 해마다 불어나고 궁결宮結[83]과 둔결屯結[84]은 해마다 늘어나서 국가에 납부되는 원전의 세액이 해마다 줄어드

---

78 경작 상황을 알기 위하여 토지의 넓이를 측량하는 일
79 전답의 등급을 매겨 붙이는 기호
80 토지 소유를 증명해주는 증명서 곧 땅문서
81 토지대장에 올리지 않고 개인적으로 경작하는 토지(관리들이 숨겨서 세금을 착복하기도 했다).

니, 장차 어떻게 하겠는가.

제2조 세법稅法 : 세정은 밝게

- 토지제도가 이미 엉망이어서 세법도 문란하다. 연분年分[85]에서 손실을 보고 콩에서 손실을 보니 나라의 세입은 얼마 되지 않는다.
- 집재執災[86]와 표재俵災[87]는 전정의 말단에 속하는 일이다. 큰 근본이 이미 거칠고 조리가 모두 문란하므로 비록 마음과 힘을 다 기울여서 한다 하더라도 만족하게 될 수 없다.
- 서원書員[88]이 간평하러 들에 나갈 때 면전에 불러 놓고 부드러운 말로 타이르기도 하고, 위엄 있는 말로 겁을 주기도 하여 지성스럽고 간절함이 그들을 감동시킬 만하면 도움이 있을 것이다.
- 가뭄이 심한 해에 미처 모를 심지 못한 곳에 가서 조사하는 경우에는 마땅히 적임자를 가려 임명해야 한다.
- 상사上司에 재결을 보고할 때에는 마땅히 실제의 숫자에 따라야 하고, 혹시 삭감을 당하게 되면 스스로 책임지고 다시 고용해야 한다.
- 표재 또한 어려운 일이다. 만일 상사로부터 허용된 표재가 고을에서 조사한 것보다 적을 경우에는 평균 비례하여 각기 얼마씩을 삭

---

82 토지대장에 기재되지 않은 토지
83 궁궐에 소속된 토지
84 군사들이 여가에 짓는 둔전의 토지
85 토지에 해마다 세금을 매기기 위해 정한 등급
86 재해를 입은 전답에 대하여 세금을 감면해주는 일
87 흉년이 든 해에 세금을 감해주는 일
88 재해 조사원

감해야 한다.

- 표재가 이미 끝났으면 곧 세금을 거두어들이되 이리저리 이사 다니는 것을 일절 금하고, 쌀을 징수할 장부를 편의에 따라 작성토록 한다.

- 간사한 아전이 백성들의 전결을 몰래 취하여 제역촌除役村[89]에 옮겨 기록한 것은 분명하게 조사하여 엄격히 금해야 한다.

- 장차 작부作夫[90]하려고 하거든 먼저 부유한 가호를 취하여 따로 책자를 만들어서 나라 세금의 정해진 숫자를 채워야 한다.

- 작부한 장부에는 거짓 수량이 그 속에 섞여 있을 것이니 조사하지 않으면 안 된다.

- 작부가 이미 끝났으면 이에 계판計版[91]을 작성하게 되는데, 계판의 내용은 면밀하게 살피고 엄격하게 밝혀야 한다.

- 계판이 이미 이루어졌으면 조목별로 나열해서 책자를 작성하여 각 면에 반포해서 후일의 상고에 참고자료가 되게 해야 한다.

- 계판에 실린 세액 이외에도 전액이 아직도 많다. 그러므로 선결[92]의 수는 확정하지 않을 수 없다. 결총結總[93]에 이미 여유가 있으면 부세가 약간 너그러워질 것이다.

- 정월에 창고를 열어 세미를 수납하는 날에는 수령이 친히 받아야

---

89 부역을 면제한 마을
90 전세를 받아들이는 한 방법
91 세액의 비율을 정하는 것
92 여유가 있는 세금
93 전답의 총 결수

한다.

- 창고를 열려고 할 때에는 창고에 있는 마을에 알리는 방문을 붙여
  서 잡류들을 엄금해야 한다.
- 백성들이 수납 기일을 어기더라도 아전을 풀어 납부를 독촉하는
  것은 마치 호랑이를 양 우리에 풀어 놓는 것과 같으니 결코 그렇게
  해서는 안 된다.
- 조운선에 짐을 실어 보내는 일은 법조문을 상세히 검토한 뒤 각별
  히 준수하여 실수하지 말아야 한다.
- 궁전宮田[94]과 둔전屯田[95]의 경우, 그 부세 침탈이 심한 것은 살펴서
  너그럽게 해주어야 한다.
- 남쪽 지방과 북쪽 지방은 풍속이 서로 달라서 종자와 부세를 땅 주
  인이 내기도 하고 혹은 소작인이 내기도 한다. 수령은 다만 풍속에
  따라 다스려서 백성들의 원망이 없도록 해야 한다.
- 서북 지방 및 관동 지방과 경기 북쪽 지방은 본래 전정이 없으니 다
  만 전적이나 살펴 관례에 따를 뿐, 마음 쓸 것이 없다.
- 화속火粟세[96]는 관례를 상고하여 세액 총수에 비교할 것이며, 오직
  크게 흉년이 든 해에만 적당하게 감하고, 크게 황폐한 마을에만 적
  당하게 감해 주어야 한다.

---

94 궁궐에 소속된 전답
95 군사용으로 경작하는 전지
96 화전에서 받는 세

제3조 곡부穀簿 : 부정의 원천

- 환상糶上[97]이란 사창이 한 번 변해서 된 것으로 곡식을 내어 파는 것도 아니고 곡식을 사들이는 것도 아니면서 백성들에게 뼈에 사무치는 병만 안겨 주니, 백성이 죽고 나라가 망하는 것이 순식간에 달려있다.

- 환상이 병폐가 되는 이유는 그 법의 근본이 어지럽기 때문이다. 근본이 어지러운데 어떻게 말단이 다스려지겠는가?

- 상사上司가 무역하는 일은 장사하는 문을 크게 열어 놓는 것이라고 할 수 있다. 그러니 수령이 법을 어기는 것은 말로 다 할 수 없다.

- 수령이 농간을 부려서 남은 이익을 도둑질하니 아전들이 농간을 부리는 것은 더 말할 바가 못 된다.

- 윗물이 흐리니 아랫물이 맑기를 바라기는 어렵다. 아전들이 농간 부리는 방법은 갖출 대로 갖추어져서 그들의 귀신같은 간계를 살필 길이 없다.

- 폐단이 이 지경에 이르렀으니, 수령으로서 구제할 수 있는 일이 아니다. 오직 그 출납의 수량과 분류의 실제 숫자만이라도 수령 자신이 잘 파악하고 있으면 아전들의 횡포가 그리 심하지 않을 것이다.

- 사계절마다 마감한 환곡에 대한 그 회초성첩[98]은 사리를 자세히 알아야 하므로 아전의 손에 맡겨서는 안 된다.

- 흉년에 정퇴停退[99]하는 혜택은 만백성에게 고루 펼쳐야 한다. 포흠

---

97 각 고을에서 춘궁기에 백성들에게 곡식을 꾸어 주었다가 가을에 더 받아들이는 일
98 보고서의 초안 책자
99 곡식 거두는 일을 정지하거나 그 기일을 물리는 일

通欠100진 아전으로 하여금 단독으로 받게 해서는 안 된다.

- 단속하기 간편한 법식으로 말하자면 오로지 경위표經緯表101라는 방법이 유용하다. 이 표를 보면 마치 손가락을 들여다보듯 훤하게 살필 수가 있다.

- 양식을 나누어 주는 날에는 마땅히 나누어 주어야 할 액수와 창고에 남겨 두어야 할 것을 정밀하게 조사해야 할 것이다. 이를 위해서는 경위표를 만들어서 밝게 살필 수 있도록 해야 한다.

- 무릇 환상은 잘 거두어들인 후에라야 비로소 잘 나누어 줄 수 있는 것이다. 잘 거두어들이지 못한다면 또다시 1년이 어지럽게 되니 구제할 방법이 없을 것이다.

- 외창外倉102이 없는 경우에는 수령은 마땅히 5일마다 한 번씩 나아가 몸소 받아들여야 하고, 외창이 있는 경우에는 창고를 여는 날에만 친히 거두어들이는 법을 정해야 한다.

- 환상은 받아들일 때에는 비록 수령이 몸소 받아들이지 않는다 하더라도 나누어 줄 때에는 반드시 몸소 나누어 주어야지 한 되 반 홉이라도 향승으로 하여금 대신 나누어 주게 하는 것은 좋지 않다. 순분巡分103의 법에 구애될 필요는 없다.

- 한꺼번에 다 나누어 주려고 할 때에는 마땅히 이런 뜻을 먼저 상사에 보고해야 한다.

---

100 관청의 물건을 사사로이 써버리는 일
101 숫자를 가로 세로로 배열해 보기 쉽게 만든 일람표
102 바깥에 있는 창고
103 몇 차례에 걸쳐 나누어 주는 것

- 환곡은 절반쯤 거둬들였을 때 갑자기 돈으로 받아들이라는 명이 내려지면 당연히 논리적으로 따져서 이유를 들어 보고해야지 그대로 받들어 행해서는 안 된다.

- 흉년이 든 해에 대신 다른 곡식을 거둘 경우는 따로 장부를 만들고, 풍년이 듦에 따라 본 곡식으로 환원해야 하며 오래 끌어서는 안 된다.

- 산성山城의 곡식이 있으면 백성의 병폐가 되니, 다른 요역을 덜어 줌으로써 백성들의 부담을 고르게 해야 한다.[104]

- 한두 양반이 사사로이 창고 쌀을 구걸하는 것을 별환別還[105]이라 하는데 그 일을 허락해서는 안 된다.

- 명절에 곡식을 나누어 주는 것은 오직 흉년이 들어서 곡식이 귀할 때에만 할 수 있다.

- 혹시 백성들의 호구는 많지 않은데 곡식 장부에 적힌 수량이 너무 많을 경우에는 상부에 청해서 감하고, 곡식 장부에 적힌 수량이 너무 적어서 구제할 방책이 없을 경우에는 상부에 청해서 늘려야 한다.

- 외창에 곡식을 저장하는 것은 마땅히 백성들의 호수를 계산하여 고을 창고와 그 비율을 맞게 해야 하며, 하급 관리에게 위임하여 마음대로 이리저리 옮기게 해서는 안 된다.

- 아전들의 포흠은 적발하지 않으면 안 되나 포흠을 징수하는 일이

---

104 산성이 있는 곳의 군량미는 모두 산성에 둘러져 있는 여러 읍으로 하여금 백성들을 파견해서 곡식을 받아 가게 하므로 먼 경우는 2백 리, 가까운 경우는 백여 리가 된다. 그러므로 백성들은 한 인부를 특별히 차출하여 그곳에 가서 곡식을 받아 산성 밑의 가까운 마을에서 팔아 돈으로 만들고, 가을에 가서는 또 인부를 차출하여 돈을 가지고 산성 밑으로 가서 곡식을 사서 수납하게 한다.
105 백성들이 사사로이 꾸어 쓴 환곡(還穀)

너무 가혹해서는 안 된다. 법을 집행하는 데는 엄준해야 마땅하나 죄수를 염려하며 불쌍히 여겨야 한다.

- 관청의 재물을 덜어서 포흠질한 곡식을 상환하거나 상사와 의논하여 포흠 장부를 탕감하는 것은 바로 옛날 사람들이 하던 덕정이다. 각박하게 거둬들이는 일은 어진 사람으로서 즐겨 할 바가 아니다.

제4조 호적 戶籍 : 인구 실태를 정확하게 파악해야

- 호적이란 모든 세금과 요역의 근본이다. 호적이 정비된 뒤에야 이것이 바르게 될 것이다.
- 호적이 문란하면 기강이 서지 않으니 큰 역량을 갖추지 않고서는 고르게 할 수 없다.
- 호적을 정리하려거든 먼저 집의 위치를 살펴서 허와 실을 두루 파악하여야 한다. 호수를 증감할 수 있으니 집 위치의 장부는 소홀히 다루면 안 된다.
- 호적을 작성할 시기가 되었으면 가좌부家坐簿[106]에 의거해 증감하고 추이하여 모든 면과 모든 마을의 호수 실태를 정확하게 하여 허위가 없도록 해야 한다.
- 새 호적이 작성되었으면 곧 관청의 명령으로 호구의 총수를 여러 고을에 반포하고, 엄숙히 금령을 세워서 번거로운 이의가 생기지 않도록 해야 한다.

---

106 일종의 주민등록부와 같은 것

- 만약 민가가 줄어들어서 액수를 채울 수 없는 경우에는 상사에게 보고하고, 큰 흉년이 들어 열 집 가운데 아홉 집이 빌 지경이 되어 액수를 채울 수가 없는 경우에도 상사에게 보고하여 그 호액을 줄여 주도록 청할 것이다.

- 인구미人口米[107]나 정서조正書租[108]와 같은 것은 옛 관례에 따라 백성들이 바치는 대로 들어주어도 되지만, 그 밖에 침해하는 행위는 모두 엄금해야 한다.

- 나이를 늘린 자, 나이를 줄인 자, 유학을 허위로 사칭한 자, 관작을 거짓으로 기재한 자, 거짓으로 홀아비라고 일컫는 자, 거짓으로 과적에 이름을 올린 자는 모두 조사하여 금해야 한다.

- 호적이란 무릇 호적을 작성하는 사목事目[109]에 관한 것으로 순영巡營[110]에서 관례적으로 내려오는 관문은 민간에 알려서는 안 된다.

- 호적은 나라의 큰 정사다. 그러므로 지극히 엄정하게 하고 지극히 세밀하게 하여야만 백성들의 부세를 바로잡을 수 있을 것이다. 그러나 지금 여기서 논하는 바는 시속을 따른 것이다.

- 다섯 집으로 통統을 조직하고, 열 집으로 패牌를 조직하는 것은 옛 법을 따라서 구성해야 한다. 여기에 새로운 규약을 보태서 시행한다면 농간과 도적질이 없어질 것이다.

---

107 한 사람에 대하여 쌀을 얼마씩 거두는 것
108 한 집에 대하여 쌀을 얼마씩 거두는 것
109 일의 시행 조목
110 감영. 조선 시대 때 관찰사가 직무를 보던 관아

제5조 평부平賦 : 부역은 고르게 행해야

- 부역을 공평히 하는 것은 수령이 해야 할 일곱 가지 일 중에서도 중요한 일이다. 무릇 공평하지 못한 부과는 징수해서는 안 된다. 조금이라도 공평치 않으면 옳은 정치가 아니다.

- 전부田賦[111] 외에 가장 큰 부담은 민고民庫다. 토지에 부과하기도 하고, 혹은 가호에 부과하기도 하여 비용이 날로 늘어나므로 백성들이 살 수가 없다.

- 민고의 규례가 고을마다 각기 다른데, 용도가 있을 때마다 무절제하게 마구 거두어들이는 것은 백성을 심하게 괴롭히는 일이다.

- 법례를 수정하고 조리를 밝혀서 백성들과 더불어 준수하기를 마치 국법처럼 해야 비로소 절제가 있을 것이다.

- 계방契房[112]이란 모든 폐단의 근원이요, 여러 농간의 구멍이다. 계방을 혁파하지 않고서는 아무 일도 제대로 될 수 없을 것이다.

- 궁전宮田[113], 둔전屯田[114], 교촌校村[115], 원촌院村[116]을 조사하여 그 비호 아래 숨겨져 원래의 정액보다 초과된 전호가 있다면 모조리 적발하여 공부貢賦를 공평하게 해야 한다.

- 역촌驛村, 참촌站村, 점촌店村[117], 창촌倉村[118]을 조사하여 그 비호 아래 숨겨진 법리에 맞지 않는 것들은 모두 적발해 내서 공부貢賦를 공

---

111 전지(田地)를 기준으로 부과하는 것
112 관의 잡비를 보충하기 위해 돈을 받고 부역이나 다른 혜택을 주는 동네
113 궁궐에 소속된 전답
114 군사들이 경작하는 토지
115 향교가 있는 마을
116 서원이 있는 마을

평하게 해야 한다.

- 결렴結斂[119]을 실시하는 것은 호렴戶斂[120]을 실시하는 것만 못하다. 결렴을 실시하면 농민을 깎는 것이요, 호렴을 실시하면 공상工商과 놀고먹는 자들이 괴로움을 입으니 이것이 농민을 보호하는 방법이다.

- 쌀로 징수하는 것은 돈으로 징수하는 것보다 못한 일이다. 본래 쌀로 징수하던 것들이라도 다시 고쳐서 돈으로 징수해야 할 것이다.

- 교묘하게 명목을 세워 수령의 주머니로 들어가는 것은 모두 없애야 한다. 여러 조목 중에서 지나치게 과도하거나 허위로 만들어진 것은 삭제해서 백성의 부담을 가볍게 해주어야 한다.

- 조정 관원의 집은 요역을 면제해 준다는 규정은 법전에 실려 있지 않다. 서울 부근처럼 문명한 곳에서는 면제해 주지 말아야 하고, 먼 시골에서는 적당히 면제해 주어야 한다.

- 민고民庫의 폐단은 고치지 않을 수 없는 것이다. 마땅히 그 고을을 위한 하나의 영구적인 계책을 생각하여 공전을 설정해서 민고의 역을 충당해야 할 것이다.

- 민고의 하기下記[121]를 향유鄕儒[122]들을 불러 검사토록 하는 것은 예가 아니다.

---

117 점(店)이란 도자기, 철기, 토기 등 그릇을 만드는 공장을 뜻하며 점촌이란 이러한 점이 있는 마을을 말한다.
118 관청의 창고가 있는 마을
119 전답의 결에 따라 거두는 세금
120 호구에 따라 거두는 세금
121 돈 치른 것을 적은 기록
122 그 고장의 유생

- 말에 세를 물리는 법은 국법에 없는 것이므로 그에 대한 부과는 명분이 없다. 폐단이 없는 것은 그대로 따라야 하며, 폐단이 있는 것은 없애야 한다.

- 균역법이 제정된 이후로 어세漁稅, 염세鹽稅, 선세船稅 등의 세금에 모두 일정한 세율이 있었다. 그런데 법이 오래된 까닭에 폐단이 생겨서 아전들이 그로 인해 농간을 부리게 되었다.

- 배에는 많은 등급이 있어 도마다 각기 다르니 배를 점검하는 데는 오직 예전의 관례를 따라야 한다. 세금을 거두는 데는 단지 중복되게 징수하는 것만을 살피면 된다.

- 어세의 대상지는 모두 바다 가운데 있으니 세밀히 살필 길이 없다. 오직 정기적으로 총액을 비교하여 함부로 징수하는 일이 없도록 수시로 살펴야 한다.

- 염세는 본래 가벼우므로 백성에게 고통이 되지는 않는다. 그러므로 오직 정기적으로 총액만 잘 살피고, 때때로 무리한 징수가 없는지 살피면 된다.

- 토선土船[123]과 관선官船을 이용하는 고기장수, 소금장수, 김장수, 미역장수가 깊은 원한이 있어도 호소할 곳조차 없는 것을 저세邸稅라고 한다.

- 장세場稅, 관세關稅[124], 진세津稅, 점세店稅[125], 승혜僧鞋[126], 무녀포巫女

---

123 그 지방 백성의 배
124 교통의 요지를 통과하는 상인들에게 부과하는 세금
125 객점(客店 : 지금의 여관)에 부과하는 세금
126 중에게 거두는 신발값으로 추정된다.

布[127]의 부과는 신중하게 징수하고 있는가를 살펴야 한다.

- 역역力役[128]의 부과는 신중하게 다루되 백성들의 이익이 되지 않는 일이라면 절대로 해서는 안 된다.

- 명목 없는 세금이 한때의 잘못된 관례에서 생긴 것이라면 마땅히 급히 없애야 하며 그대로 따라서는 안 된다.

- 조요의 곡식이나 보역補役의 돈이 민간에 퍼져 있으면 부강한 호戶에게 먹히기 일쑤이니 조사해서 찾아낼 수 있는 것은 징수하고, 추정할 수 없는 것은 탕감해 준 뒤 별도로 보충해야 할 것이다.

- 부역을 매우 공평하게 하려고 한다면 반드시 호포법과 구전법을 강구하여 시행해야 민생이 안정될 것이다.

제6조 권농勸農 : 농사는 국민 경제의 근본

- 농사란 백성들에게 이익이 되어 백성들 스스로가 힘쓸 것이지만, 어리석은 것이 또한 백성이므로 선왕들은 그들에게 농사를 권장했다.

- 옛날의 현명한 목민관들은 농사를 권장하는 일로써 명성과 공적을 삼았다. 그러므로 농사를 권장하는 일은 목민관의 으뜸가는 임무다.

- 농사를 권장하는 요체는 조세를 덜어 주거나 가볍게 함으로써 그 근본을 북돋우는 데 있다. 그렇게 함으로써 토지가 개간될 것이다.

- 농사를 권장하는 정책은 곡식을 심는 일만 권장할 것이 아니라 원예, 목축, 양잠, 길쌈 등의 일도 권장해야 할 것이다.

---

127 무녀들로부터 징수하는 무명이나 베, 명주 등
128 공적인 토목사업 등에서 부역하는 것

- 농사는 식생활의 근본이며, 양잠은 의생활의 근본이다. 그러므로 백성들에게 뽕나무 심기를 권장하는 일은 목민관의 중요한 임무다.

- 농사짓는 기구와 베 짜는 기구를 만들어서 백성들이 편리하게 사용하도록 하고, 백성들의 생활을 풍족하게 해 주는 일 또한 목민관이 힘써야 할 일이다.

- 농사는 소를 부려서 짓는 것이니 관에서 소를 나누어 준다든지 혹은 백성들에게 서로 소를 빌려 주도록 권장하는 것 역시 항상 힘써야 할 일이다. 또한 진실로 농사를 권장하려 한다면 마땅히 도살을 경계하고 목축을 장려해야 할 것이다.

- 총체적으로 살펴보면, 권농의 정사는 먼저 각기 직책을 정해 주어야 한다. 직책을 분담하지 않고 여러 가지 일을 잡다하게 시키는 것은 선왕의 법이 아니다.

- 해마다 춘분이 되면 여러 면에 공문을 내려 농사의 빠르고 늦음을 가지고 상벌을 심사할 것을 약속해야 한다.

- 무릇 권농의 정사는 마땅히 여섯 과목으로 나누어 그 직무를 맡겨 주고 그 성적을 고과하여 성적이 우수한 자를 등용함으로써 백성들의 생업을 권장해야 한다.

예절과 교육에 관하여 알아야 할 사항들

제1조 제사 祭祀 : 정성을 다하고, 공경하는 마음으로

- 군현에서는 삼단 三壇 일묘 一廟[129]에 제사를 지내는데, 누구를 제사 지내는지 알아야 마음이 향하게 되고, 마음에 향하는 바가 있어야 조심하고 공경할 수 있다.

- 문묘 文廟[130] 즉 공자를 제사하는 사당의 제사는 목민관이 몸소 행하 되 경건하고 정성을 다해 목욕재계하여 많은 선비들의 본보기가 되 어야 한다.

- 사당이 퇴락되거나 제단이 허물어졌거나 제복이 아름답지 못하고

---

129 삼단은 사직단, 여단, 성황단을 말하며, 일묘는 공자의 사당을 일컫는다.
130 공자를 제사 지내는 사당

제기가 정결하지 못하면 모두 보수하고, 신에게 부끄러움이 되지 않게 해야 한다.

- 경내에 서원이 있어 나라에서 제사를 내려준 곳에도 역시 정성스럽고 정결히 하여 선비들의 기대를 잃지 말아야 한다.

- 경내에 있는 사묘의 수리와 수선도 역시 위의 예와 같이 해야 한다.

- 제물로 바치는 짐승을 마르거나 병들게 하지 않고 제수를 저축해 놓아야 이를 어진 목민관이라 한다.

- 혹시 고을에 잘못된 관례로서 음사淫祀[131]가 있으면 백성이나 선비들을 깨우쳐서 없애 버리도록 해야 한다.

- 기우제는 하늘에 비는 것인데, 지금의 기우제는 희롱하는 짓으로 하늘을 모독하니 예에서 크게 벗어나는 일이다.

- 기우제의 축문은 마땅히 손수 새로 지어야 한다. 혹 전에 쓰던 것을 쓰는 것은 예에서 크게 벗어나는 일이다.

- 일식이나 월식 때의 구식 예절은 또한 마땅히 장중하고 엄숙하게 해야 하며, 희롱 삼아 아무렇게나 하는 일이 없어야 한다.

제2조 빈객賓客 : 손님 접대는 알맞게

- 빈賓은 오례五禮[132]의 하나다. 접대하는 물품이 너무 후하면 재물을 낭비하게 되고, 너무 박하면 환대의 뜻을 잃게 된다. 그러므로 선왕

---

131 제사 지내서는 안 될 잡신을 제사하는 일
132 나라에서 행하는 다섯 가지 의례, 즉 길례(吉禮 : 제사 관련 예법), 흉례(凶禮 : 장례와 상례에 관한 예법), 군례(軍禮 : 군인의 예법), 빈례(賓禮 : 빈객 접대에 관한 예법), 가례(嘉禮 : 왕실의 혼인 예법)

이 그것을 조절하고 알맞은 제도를 만들어 후한 경우라도 제도를 넘지 않고 박한 경우라도 정한 제도 이하로 줄이지 못하게 했으니, 그 예를 제정한 근본 뜻을 거슬러 올라가서 따지지 않으면 안 된다.

- 옛날의 음식차림에는 다섯 등급이 있었다. 위로는 천자로부터 아래로는 삼사에 이르기까지 길흉 간에 사용되는 것은 이 범위를 지나지 않았다.

- 오늘날 감사의 순행이 천하의 큰 폐단이다. 이 폐단을 없애지 않는다면 부역이 가중되어 백성이 모두 살 수 없게 될 것이다.

- 내찬內饌[133]은 손님을 예우하는 것이 아니니 그 실상은 그대로 두되 그 명칭은 없애는 것이 마땅하다.

- 감사를 접대하는 법식은 조훈祖訓[134]이 있어, 나라 역사에 실려 있으니, 반드시 지켜 무너뜨리지 말아야 한다.

- 빈객賓客[135]의 접대는 한결같이 옛 예법에 따라 그 격식을 정하고, 비록 법은 세우지 않는다 하더라도 예는 항상 강구해야 할 것이다.

- 옛날의 어진 수령은 상관을 접대하면서 감히 예를 넘지 않았으므로 아름다운 행적이 모두 기록으로 남아 있다.

- 비록 상관이 아니더라도 때때로 지나는 사신에게는 법으로 보아 극진히 공경해야 하나, 횡포한 자는 받아들이지 말아야 한다. 그 이외의 사신에게는 마땅히 공손해야 한다.

---

133 안방에서 손님을 따로 접대하는 것
134 역대 임금들의 교훈
135 귀한 손님

- 옛사람은 내시가 지나는 데에도 오히려 의를 굽히지 않았으며, 심한 자는 임금이 지나간다 해도 백성을 괴롭혀 가면서까지 잘 보이려 하지는 않았다.
- 칙사勅使[136]를 접대하는 것을 지칙支勅이라 하는데, 지칙은 서쪽 지방의 큰 정책이다.

제3조 교민教民 : 백성을 가르침

- 목민관의 직분은 백성을 가르치는 것일 뿐이다. 토지의 생산을 균등하게 하는 것도 가르치기 위함이요, 부역을 공평히 하는 것도 가르치기 위함이다. 관직을 만들어 목민관을 두는 것도 가르치기 위함이고, 형벌을 밝히고 법을 신칙하는 것도 가르치기 위함이니, 모든 정치가 닦여지지 않으면 교육을 일으킬 겨를이 없으므로 이것이 바로 백세 동안 훌륭한 다스림이 없었던 이유다.
- 백성을 묶어 오伍[137]로 만들어 향약을 행하는 것도 옛날의 향당이나 주족 제도를 본뜬 것이니 위엄과 은혜가 흡족하다면 힘써 행하는 것이 좋을 것이다.
- 옛 선인들의 좋은 말과 훌륭한 행동을 백성들에게 권유하여 눈과 귀에 익숙해지게 하는 것 또한 교화하여 백성을 인도하는 데 도움이 될 것이다.
- 가르치지 않고 형벌만 주는 것은 백성을 속이는 일이다. 그러므로

---

136 중국의 사신
137 백성 다섯 집을 묶은 단위

아무리 큰 악과 불효를 저질렀다 하더라도 먼저 가르치고 그래도 고치지 않는다면 죽여야 한다.

- 형제끼리 우애하지 않고 부끄러움이 없이 송사를 하는 자도 우선은 먼저 가르칠 것이며 함부로 죽이지 말아야 한다.

- 먼 시골은 임금의 교화와 거리가 멀기 때문에 예속을 권하여 행하게 하는 것도 목민관이 먼저 힘써야 할 일이다.

- 효자, 열녀, 충신, 절사들의 숨은 행적을 들추어 표창하는 것도 수령의 직분이다.

- 과격한 행동이나 편협한 의리를 숭상하거나 권장하여 폐단이 전해지는 길을 열어 주지 않는 것이 정밀한 의리다.

제4조 흥학 興學 : 배움터를 마련해야

- 옛날의 학교에서는 예악 禮樂을 익혔는데, 지금은 예악이 붕괴되어 학교에서 가르치는 것은 글 읽기뿐이다.

- 문학이란 소학 小學에서 가르치는 것이다. 그렇다면 후세에 학문을 일으킨다는 것은 소학을 일으키는 것과 같지 않겠는가.

- 학문은 스승에게 배우는 것이니 스승이 있은 뒤에야 배움이 있는 것이다. 덕망이 있는 사람을 초빙하여 스승을 삼은 후에야 배움의 규칙을 논할 수 있다.

- 강당과 행랑을 수리하고 재정을 관리하며 서적을 많이 비치하는 것도 어진 목민관이 마음을 쓸 일이다.

- 단정한 사람을 골라 재장(齋長)[138]을 삼아 모든 사람의 귀감이 되게 하고, 예로써 대우하여 염치를 알게 해야 한다.
- 늦가을 양로(養老)의 예를 행하여 노인 봉양하는 법을 가르치고, 초가을에는 향음(鄕飮)[139]의 예를 행하여 어른 공경하는 법을 가르치고, 중춘에는 향고(鄕孤)의 예를 행하여 외로운 사람 구제하는 법을 가르친다.
- 때때로 향사(鄕射)의 예[140]를 행하고, 때때로 투호(投壺)[141]의 예를 행할 것이다.

제5조 변등(辨等) : 신분 등급을 구별함

- 신분의 등급을 구별하는 것은 백성의 뜻을 안정시키는 중요한 일이다. 등급이나 위엄이 명백하지 않아 지위나 계급이 어지러우면 민심이 흩어져 기강이 없어지게 된다.
- 종족에도 귀하고 천함이 있으니 그 등급을 가려야 하고, 세력에도 강약이 있으니 그 실정을 살펴야 한다. 이 두 가지 중에 어느 한쪽도 없애서는 안 된다.
- 신분 등급을 구별하는 일은 아래 백성만 징계할 것이 아니라, 중인이 상위를 범하는 것도 엄히 다스려야 한다.

---

138 학교의 어른
139 향음주례. 예전에 온 고을의 유생(儒生)이 모여 향약(鄕約)을 읽고 술을 마시며 벌이던 잔치
140 매년 10월, 고을 수령이 학교의 학생들과 고을 어른을 모시고 향약을 강구하며 베푼 잔치
141 화살을 병 속에 던져 넣는 놀이

- 주택과 수레와 말, 의복과 기물이 참람參濫[142]하고 사치스러워 법이 정한 제도를 넘는 것은 모두 엄금해야 한다.
- 대개 노비법이 변한 뒤로 백성의 풍속이 크게 투박해졌으니, 이는 국가의 이익이 아니다.
- 이미 몰락한 귀족을 천한 부류들이 서로 헐뜯어서 관장이 조사하여 다스리는데, 그 진실을 모르고 잘못 다스리는 경우가 많다. 이것은 오늘날 세속의 폐단이다.

제6조 과예課藝 : 학업을 권장해야

- 과거 공부는 사람의 마음을 파괴하는 것이다. 그러나 사람을 뽑아 쓰는 법을 고치지 않는 한, 과거 공부를 익히고 준비하는 것을 권장하지 않을 수 없으니, 이를 과예課藝[143]라고 한다.
- 과거에도 장원이 있어야 한다. 천거하여 선발이 끝나면 시험을 본 뒤 명부를 작성한 다음 과예를 시험해야 한다.
- 근세 이후로 문체가 낮아져서 구법이 어긋나고, 편법이 짧아졌으니 바로잡지 않으면 안 된다.
- 어린 학생 중에 총명하고 기억력이 좋은 자는 따로 뽑아서 가르쳐야 한다.
- 과예를 부지런히 하여 급제자가 계속 배출되고, 문명의 고장이 되는 것 역시 목민관에게는 지극한 영광이다.

---

142 분수에 넘쳐 너무 지나치는 것
143 학문을 익히는 것

• 과거의 규칙이 확립되지 않으면 선비들의 마음이 쏠리지 않을 것이다. 그러므로 과예의 정사 역시 혼자서만 잘한다고 해서 되는 것은 아니다.

국방에 관하여 알아야 할 사항들

제1조 첨정簽丁 : 장정은 군적軍籍에 실어야

- 군정을 정하고 그들에게 베를 거두는 법은 양연梁淵에게서 시작되
  어 오늘에 이르고 있다. 그 폐단이 점점 커져서 백성들의 뼈에 사무치
  는 병이 되어 이 법을 고치지 않으면 백성들이 모두 죽고 말 것이다.
- 대오隊伍[144]란 형식이요, 쌀과 베를 거두는 것은 실제의 목적이다.
  실제의 목적을 거두었으면 형식을 따질 필요가 없는데도 그 형식을
  따지려 드니 백성들이 피해를 입게 된다. 그러므로 군정을 잘하는
  자는 아예 군정을 다스리지 않고, 첨정을 잘하는 자는 아예 첨정을

---

144 소대, 중대, 대대 즉 군대의 대열

하지 않는다. 헛이름을 조사하고 죽은 것을 밝혀내어 그 결원을 보충하며 대신 할 것을 문책하는 것은 아전들의 이익만 될 뿐이므로 어진 목민관은 이렇게 행하지 않는다.

• 한두 명을 뽑아 보충하지 않을 수 없으면, 넉넉한 집을 찾아내어 역전   을 보충하고 그것으로 실제의 군사를 고용하도록 해야 한다.

• 군역 한 자리에 5~6명을 뽑아 두고 모두 군미와 군포를 거두어 아전들의 주머니를 채우게 하니, 이것은 살피지 않을 수 없는 일이다.

• 군안   과 군부   는 모두 정무를 처리하는 방에 두고 자물쇠를 단단히 채워 아전들의 손에 들어가지 않게 해야 한다.

• 수령의 위엄과 은혜가 흡족하여 아전이 두려워하고 백성들이 따르게 되면 척적   [145]을 수정할 수 있을 것이다.

• 척적을 수정하려면 먼저 계방   [146]을 폐지하여야 하며, 서원, 역촌, 호호   [147], 대묘 등 모든 역을 기피하여 숨은 곳을 조사하지 않을 수 없다.

• 군포를 거두는 일은 목민관이 직접 받아야 한다. 밑의 관리들에게 맡기면 백성들의 부담이 곱절이나 늘게 된다.

• 족보를 위조하고 직첩   [148]을 몰래 사서 군적에 오르는 것을 면하려고 하는 자는 징계하지 않을 수 없다.

• 상번군   [149]을 치장해 보내는 일은 한 고을의 큰 폐단이 된다.

---

145 고을의 총 호수와 군액 총수를 가지고 공평하게 하는 배당
146 공역을 면제받거나 다른 도움을 받으려고 아전에게 금품을 주는 일
147 세력이 있는 호구
148 벼슬 임명장

그러므로 아주 엄하게 살펴야 백성의 피해가 없을 것이다.

제2조 연졸   : 군사 훈련

• 군사 조련은 무비   의 중요한 일이니, 곧 조연   [150]과 교기   [151]
의 술법이다.

• 오늘날의 군사 훈련은 헛된 일이다. 첫째는 속오   [152], 둘째는 별
대   , 셋째는 이노대   , 넷째는 수군   이다. 그런데 이에 대한
법이 갖추어지지 않았으므로 훈련해도 소용이 없다. 단지 형식에
그칠 뿐이니 소란을 일으킬 필요가 없다.

• 오직 기고호령   [153]과 진지분합   [154]의 법을 자세히 익혀
야 한다. 이는 군사들만 가르치려는 것이 아니라 아전과 장교들로
하여금 규례에 익숙하도록 하려는 것이다.

• 이노   의 훈련은 가장 중요한 일이니 기한 3일 전에 연습해두어
야 한다.

• 만약 풍년이 들어 방비가 완화되더라도, 군사 조련을 행하라는 명
령이 멈추지 않는 한, 대오를 채우고 장비를 갖추는 데 힘써야 한다.

• 군중에서 금품을 거두는 군율은 지극히 엄중하다. 공사간의 조련

---

149 중앙에 번을 서는 군사
150 훈련을 뜻한다.
151 각종 기의 신호에 의하여 동작하는 방법을 가르치는 것으로서, 옛날에는 사냥으로 군사를 훈련시켰
    는데 당시에는 항상 익힐 수 없기 때문에 다시 그에 대한 제도를 만들었나.
152 다섯 명을 '1오'라고 부르는 군대 편제의 하나
153 기를 흔들고 북을 쳐서 내리는 명령
154 나아가고 멈추며 대오를 나누었다가 합치는 것, 즉 군사 훈련

에서는 마땅히 이 폐단을 살펴야 할 것이다.

• 수군을 산골 고을에 두는 것은 본래 잘못된 법이다.

• 수군 훈련의 명령이 있으면 마땅히 수군 훈련의 규칙에 따라 날마다 익히고 연습하여 빠트리는 일이 없도록 해야 한다.

제3조 수병修兵 : 병기 관리는 철저하게

• 병兵이란 병기兵器를 가리킨다. 병기는 백 년 동안 쓰지 않는다 해도, 하루도 준비하지 않으면 안 된다. 병기를 관리하는 것은 목민관의 중요한 직무다.

• 화살 만드는 대를 나누어 주는 일과 달마다 치르는 시험에 쓸 화약을 나누어 보내는 일은 마땅히 그 법을 만든 취지를 생각하여 나가고 들어오는 일에 항상 조심히 해야 한다.

• 만약 조정의 명령이 엄중하다면 수시로 군기를 보수하는 일을 게을리 하지 말아야 한다.

제4조 권무勸武 : 무예를 권장해야

• 우리나라의 풍속은 온순하고 근신하여 무예를 즐기지 않고 오직 활쏘기만을 익혀 왔다. 그런데 지금은 이것도 익히지 않으니 무예를 권장하는 것이 오늘날의 급선무다.

• 무예를 권장하는 데도 문예文藝와 만찬가지로 많은 예산이 있어야 한다. 문예는 학궁에 예산이 있으나 무예는 그 비용이 나올 곳이 없

다. 목민관으로서 오래 재직하는 자는 6년에 이르기도 한다. 실로 이처럼 해야 권장할 수 있고, 백성들도 이를 따라 서로 부지런하게 될 것이다.

• 강한 쇠뇌[155]를 설치하고 쏘는 일은 반드시 훈련으로 익혀 두어야 한다.

• 호령하고 앉았다 서는 법과 돌진하고 찌르는 자세 같은 것은 모름지기 외적의 침략 징조가 있을 때에 익히고 연습해야 한다.

제5조 응변應變 : 비상사태에 대비해야

• 목민관은 곧 병부를 가진 관원이어서 앞일을 예측하지 못할 변이 많다. 그러므로 임기응변의 방법을 미리 강구하지 않으면 안 된다.

• 유언비어는 혹 근거 없이 일어나기도 하고, 혹 기미가 있어 생기기도 한다. 목민관으로서는 이를 조용히 진압하거나 묵묵히 관찰해야 한다.

• 괘서掛書[156]나 투서投書[157]는 태워서 없애 버리거나 조용히 살펴야 한다.

• 변란이 있을 때는 경거망동하지 말고 조용히 그 귀추를 생각하여 응대해야 한다.

• 고을의 풍속이 포학하여 목민관을 죽이려고 음모를 꾸미면, 그들

---

155 아주 예리한 병기
156 벽에 글을 붙이는 것
157 글을 몰래 보내는 일

을 잡아 죽이거나 조용히 진압해야 한다. 그 기미를 살피고 간사함을 꺾어 없애야 하며, 융통성 없이 처리해서는 안 된다.

- 강도와 도적들이 서로 모여 난을 일으키면, 타일러서 항복을 받아내거나 꾀를 내어 사로잡아야 한다.
- 지방의 도적이 이미 평정되었는데도 민심이 의심하고 두려워하거든, 마땅히 성심을 다하고 신의를 보여 민심의 동요를 안정시켜야 한다.

제6조 어구 : 외적 방어

- 도적의 난리를 만나게 되면 지방을 지키는 신하는 마땅히 그 지역을 지켜야 한다. 방어할 책임은 장신 [158]과 같다.
- 병법 에 '허하면 실한 것처럼 보이게 하고, 실하면 허한 것처럼 보이게 한다'라고 했다. 이 또한 방어하는 자라면 알고 있어야 한다.
- 지키기만 하고 공격하지 않아 적이 경내를 지나게 하면 이는 임금을 적에게 내주는 것과 마찬가지다. 그러므로 추격을 그만둘 수는 없는 일이다.
- 높은 충절로 사졸 을 격려하여 작은 공이라도 세우면 이것이 으뜸이다. 형세가 궁하고 힘을 다했을 때 죽음으로써 삼강오륜의 도리를 세우는 것 역시 분수를 다하는 일이다.
- 임금이 지방으로 피난하면 지방을 지키는 신하가 그 지방 산물을

---

158 무장(武將)

올려 충성을 표하는 것 역시 당연한 직분이다.

• 난리가 미치지 않는 지방에서는 백성을 위로하여 편안하게 하며, 인재를 기르고 농사를 권장하여 군수물자를 넉넉하게 하는 것 역시 지방을 지키는 수령의 직책이다.

공평한 형법 집행을 위해 필요한 사항들

제1조 청송聽訟 : 소송은 정확하게 파악해야

- 송사訟事를 처리하는 근본은 성의에 달려있고, 성의의 근본은 신독
  愼獨[159]에 있다.

- 다음으로는 자신이 본보기가 되는 것이니, 경계하고 가르쳐서 잘
  못을 저지르는 자를 바로잡아 주는 것 또한 송사를 없애는 일이다.

- 송사 처리를 물 흐르는 것과 같이 쉽게 하는 것은 타고난 재질이 있
  어야 하지만, 그 방법은 몹시 위험하다. 송사 처리를 분명하고 확실
  하게 하는 것은 마음을 다하는 데 있으니, 그 법이 사실에 꼭 맞아

---

159 홀로 있을 때에도 도리에 어긋남이 없도록 삼가는 일

야 한다. 그러므로 송사를 간결하게 하려는 사람은 그 판결을 반드시 더디게 하는데, 이는 한 번 판결하면 다시 그런 일이 일어나지 않도록 하기 위함이다.

- 막히고 가려서 통하지 못하면 백성들의 마음이 답답하게 된다. 호소하기 위해 오는 백성으로 하여금 부모의 집에 들어오는 것처럼 편하게 해준다면 그가 바로 어진 목민관이다.

- 소송이 있을 경우 급히 달려와서 고하는 것을 그대로 믿어서는 안 된다. 이에 응하기를 여유 있게 하여 천천히 그 사실을 살펴야 한다.

- 한마디 말로 옥사(獄事)를 결단하여 판결하기를 귀신같이 하는 것은 하늘이 준 재질이 있어야 할 일이다. 보통 사람이 본받을 일은 못 된다.

- 인륜에 관한 송사는 윤리에 관계되는 것이니, 분명히 가려내야 한다.

- 골육(骨肉)간에 서로 다투어 의리를 잊고 재물을 탐내는 자는 엄히 징계해야 한다.

- 농토에 대한 송사는 백성의 재산에 관계되는 것이니 한결같이 공정하게 해야 백성들이 복종할 것이다.

- 소나 말에 관한 송사는 명성을 얻을 수 있는 것이니, 옛사람들이 남긴 아름다운 법을 본받아야 한다.

- 재물이나 비단 종류에 관한 송사로 문서의 증빙이 없는 것은, 그 진정과 허위 여부를 잘 살피면 사실을 숨길 수 없게 된다.

- 허하고 밝은 마음이 만물을 비추면 그 어짊이 미물과 금수에까지

미치게 된다. 그래서 기이한 소문이 퍼지고 빛나는 명성이 알려지게 된다.

- 묘지에 관한 송사는 지금 폐속[160]이 되고 말았다. 격투와 구타의 살인 사건의 절반은 여기서 일어난다. 그리고 남의 분묘를 발굴하여 옮기는 괴변은 스스로 효도로 여기니, 이를 판결할 때 분명하게 해야 한다.

- 나라 법전의 기록도 분명히 잘라 정한 법문이 없어서 관에서 좌우하는 대로 하게 되니, 백성의 마음이 안정되지 못하고 분쟁과 송사가 많아지는 것이다.

- 탐욕과 의혹이 깊어서 도둑질하고 빼앗는 약탈이 잇따르니, 처리의 어려움이 다른 송사보다 곱절은 힘들다.

- 노비에 관한 송사는 법전에 시린 것이 번잡하고 기록이 많아서 의거할 수가 없다. 그러므로 인정을 참작해야지 법조문에만 구애받아서는 안 된다.

- 채권에 관한 소송은 마땅히 권형[161]이 있어야 한다. 은혜를 베풀어 빚을 탕감하여 주기도 해야 한다. 고지식하게 법만 지킬 일이 아니다.

- 군첨[162]에 대한 소송으로 두 마을이 서로 다툴 때는, 그 근본 원인을 상고하여 확실하게 어느 한 쪽으로 결정해야 한다.

---

160 폐단이 있는 좋지 않은 풍속
161 융통성이 있는 것
162 군사를 뽑아 군적에 올리는 일

- 송사를 판결하는 근본은 오로지 문서에 있으니 그 숨겨진 사실을 들추어 밝히는 것은 오직 명석한 사람이라야 할 수 있다.

제2조 단옥斷獄 : 옥사獄事의 판단은 신중하게

- 옥사를 처리하는 요령은 밝아야 하며, 삼가서 해야 할 뿐이다. 내가 한 번 살피는 데 따라 사람의 생사가 달렸으니 어찌 밝게 하지 않을 수 있겠는가? 사람의 생사가 나 한 사람의 생각에 달렸으니 어찌 또 삼가지 않을 수 있겠는가?

- 큰 옥사가 만연하면 원통한 자가 열에 아홉은 된다. 자신의 힘이 미치는 데까지 남몰래 힘써서 구해 낸다면, 은덕을 베풀어서 복을 구하는 일이 이보다 더 큰 게 없을 것이다.

- 괴수만 죽이고 연루된 자들은 용서하면 원한이 없게 된다.

- 의심나는 옥사는 밝히기 어려우니 용서하기에 힘쓰는 것이 천하에서 가장 좋은 일이며 덕의 근본이다.

- 오래 갇힌 죄수를 놓아 주지 않고 세월만 끄는 것보다는, 부채를 면제하고 옥문을 열어 내보내는 것 또한 천하의 통쾌한 일이다.

- 명확한 판단으로 즉시 판결하여 막히고 걸리는 일이 없으면 마치 어두운 먹구름에 번개가 스치고, 맑은 바람이 말끔히 쓸어버리는 것과 같은 일이 될 것이다.

- 법에서 용서하지 못할 일이라면 의리로 처단해야 한다. 악을 보면서 악을 알지 못하는 것 또한 군자의 행동이다.

- 혹독한 관리가 각박하여 오로지 법조문만 가지고 위엄과 밝음을 편다면 주어진 명대로 살지 못한다.
- 사대부들이 법률을 읽지 않으므로 사부(詞賦)[163]는 잘 하나 형법에는 어두운 것 역시 오늘날의 폐단이다.
- 인명에 관한 옥사를 옛날에는 가볍게 했고 지금은 엄밀하게 하니 마땅히 이에 대한 전문적인 학문에 힘써야 할 것이다.
- 옥사가 일어나면 아전과 군교들이 횡포를 부려 집을 부수고 침탈해 그 마을이 마침내 망하게 되니 가장 먼저 염려할 일이 바로 이 일이다. 부임하여 처음 정사할 때는 마땅히 이런 일에 대하여 분명한 약속이 있어야 한다.
- 옥사의 체제는 지극히 중대하다. 그러므로 검사장이 취조할 때에는 본래 형장(刑杖)[164]을 함부로 사용하는 법이 없다. 그런데 요즈음 목민관들은 법례를 통달하지 못하고 함부로 사용하니 큰 잘못이다.
- 무고(誣告)[165]로 옥사를 일으키는 것을 도뢰(圖賴)라고 하는데, 이런 것을 엄중히 다스려 용서하지 말고 반좌율(反坐律)[166]로 처결해야 한다.
- 검사 취조가 하루가 지났는데도 같은 날에 한 것으로 기록하는데, 이것은 마땅히 개정해야 할 법이다.
- 크고 작은 옥사를 처결하는 데에는 모두 날짜의 기한이 있다. 해가

---

163 운자(韻字)를 달아 지은 한시(漢詩)의 총칭
164 형벌하면서 곤장을 때리는 일
165 사실이 아닌 일을 거짓으로 꾸며 해당 기관에 고소·고발하는 일
166 반좌법(反坐法) : 없는 사실을 거짓으로 꾸며 고발한 이에게 고발을 당한 사람이 받은 처벌과 같은 형벌을 가하던 제도

지나고 세월이 흘러서 죄인이 늙고 수척해질 때까지 내버려두는 것
은 법이 아니다.

• 보고의 기한은 범죄에 따라 같지 않다. 그러므로 인증이 맑지 않으
면 의논의 공평을 잃게 된다.

제3조 신형愼刑 : 형벌은 신중하게

• 목민관이 형벌을 쓸 때는 마땅히 세 등급으로 나누어야 한다. 민사
民事에는 상형上刑을 쓰고, 공사公事에는 중형中刑을, 관사官事에는 하
형下刑을 쓰며, 사사私事에는 형벌을 적용하지 않는 것이 좋다.

• 곤장 치는 병졸을 그 자리에서 노하여 꾸짖어서는 안 된다. 평상시
에 다짐을 엄중히 하고, 일이 지난 후에 징계하여 다스리기를 반드
시 신의 있게 하면 얼굴빛이 변하고 음성을 높이지 않더라도 장형
杖刑[167]을 너그럽게 하고 사납게 함이 뜻대로 될 것이다.

• 수령이 시행할 수 있는 형벌은 태형 50대 이내로써, 이 범위 안에서
스스로 결정해야 한다. 이것을 넘는 것은 모두 지나친 형벌이다.

• 요즈음 사람들은 큰 곤장 사용하기를 좋아하여 2태 3장으로는 만
족하게 여기지 않는다.

• 형벌은 백성을 바로잡는 일에 있어서 가장 말단의 일이다. 목민관
이 자신을 단속하고 법을 만들어서 엄정하게 임하면 백성이 죄를
범하시 않을 것이다. 이렇게 되면 형벌을 쓰지 않아도 좋을 것이다.

---

167 오형(五刑) 가운데 죄인을 큰 형장으로 볼기를 치던 형벌로 육십 대부터 백 대까지 다섯 등급이 있
었다.

- 옛날의 어진 목민관은 반드시 형벌을 완화했다. 그것에 관한 내용이 역사에 실려 있어 아름다운 이름이 길이 빛나고 있다.
- 한때의 분노 때문에 형장을 함부로 치는 것은 큰 죄다. 열조列朝[168]들이 남긴 훈계가 책에 빛나고 있다.
- 부녀자에게는 큰 죄가 아니면 형벌을 시행하지 않는다. 신장訊杖[169]은 오히려 가하나 볼기를 치는 것은 더욱 욕된 일이다.
- 늙은이와 어린이를 고문하지 못하는 것은 율문律文[170]에 실려 있다.
- 악형惡刑은 도적을 다스리는 것이니, 평민에게 경솔히 시행해서는 안 된다.

제4조 휼수恤囚 : 죄수에게 온정을

- 감옥은 사람이 살고 있는 이 세상의 지옥이다. 옥에 갇힌 죄수의 고통을 어진 사람이 마땅히 살펴야 한다.
- 칼을 목에 씌우는 것은 후세에 생긴 일이지, 선왕先王의 법은 아니었다.
- 옥중에서 토색질[171]을 당하는 것은 남모르는 원통한 일이니, 목민관이 이러한 원통함을 살피면 현명하다고 할 수 있을 것이다.
- 병들어 아플 때의 고통은 편히 집안에 있어도, 잠잘 때에도 견딜 수 없다. 그런데 옥중에 있다면 그 고통이 어떠하겠는가?

---

168 역대의 임금들
169 형장이라고도 하며 죄인을 다스릴 때 몽둥이를 사용하는 것
170 법조문
171 물품을 빼앗는 일

- 옥이란 이웃 없는 집이요, 죄수는 걷지 못하는 사람과 같으니 한 번 추위와 굶주림이 닥쳐오면 죽음이 있을 뿐이다.
- 옥에 갇힌 죄수가 나가기를 기다리는 것은 긴 밤에 새벽을 기다리는 것과 같다. 옥중의 다섯 가지 고통 가운데서도 오래 지체하는 고통이 가장 심하다.
- 옥의 담장과 벽이 허술하여 중죄수가 탈출하면 상사에게 문책을 당하게 되니, 이 또한 관직을 수행하는 목민관으로서 걱정할 일이다.
- 세시 명절에는 죄수들에게 집에 돌아가는 것을 허락하여도 좋다. 은혜와 신의로 서로 믿는다면 도망하는 자가 없을 것이다.
- 장기 죄수가 집을 떠나 있어 자녀를 낳을 수 없는 상황에 놓인 경우에는 그 정상과 소원을 참작하여 자애와 은혜를 베풀어야 한다.
- 노약자를 대신 가두는 것도 측은히 여겨야 할 일인데, 부녀자를 대신 가두는 일은 더욱 어렵게 여기고 조심해야 한다.
- 귀양 온 죄인은 집을 떠나 멀리 귀양살이하는 사람으로 그의 처지가 슬프고 측은하니, 집과 양곡을 주어 편안히 거처하게 하는 것이 목민관의 책임이다.

제5조 금포禁暴 : 폭력은 금해야

- 횡포나 난동을 금지하는 것은 백성을 편안하게 하기 위함이다. 재산이 많고 세도 부리는 자를 쳐서 물리치고, 귀족이나 임금 측근의 신하를 거리낌 없이 대하는 것 역시 목민관으로서 힘써야 할 일이다.

- 권문세가에서 종을 풀어 마구 날뛰게 하여 백성에게 해를 주는 일은 금해야 한다.
- 이따금 금군[172]이 임금의 총애를 믿고 방자하게 행동하고 여러 구실로 백성을 괴롭히는 일이 있는데, 이는 모두 금지해야 한다.
- 토호[173]의 횡포는 힘없는 백성들에게는 늑대나 호랑이와 같다. 그 해독을 제거하고 양 같은 백성들을 보호하는 것이야말로 참된 목민관이라 하겠다.
- 악한 소년들이 객기를 부리며 도둑질과 약탈로 포악한 행동을 행할 때는 이를 조속히 금지해야 한다. 그렇지 않으면 장차 난리를 일으킬 것이다.
- 간사하고 음탕하여 기생을 데리고 다니며 매춘부의 소굴에서 자는 것을 금해야 한다.
- 시장에서 술주정하며 물건을 빼앗거나 거리에서 술주정하며 어른을 모욕하는 자는 엄금해야 한다.
- 도박을 업으로 삼아 판을 벌이고, 무리 지어 모이는 행위는 금해야 한다.
- 광대의 놀이, 꼭두각시의 재주 그리고 나악[174]으로 사람을 모으고 요사스런 말로 술법을 파는 자는 모두 금해야 한다.
- 사사로이 소와 말을 도살하는 것은 금지해야 하며, 돈을 바쳐 속죄

---

172 궁궐을 지키며 임금을 호위하는 군사
173 지방의 세력가
174 푸닥거리

하게 하는 것은 옳은 일이 아니다.

• 도장을 위조한 자는 그 진상을 알아보아서 죄의 경중을 따져 처단해야 한다.

제6조 제해除害 : 폐해는 제거해야

• 백성을 위하여 폐해를 없애는 일은 목민관의 임무다. 피해의 첫째는 도덕이요, 둘째는 귀신붙이요, 셋째는 호랑이니 이 세 가지가 없어야 백성의 걱정이 사라질 것이다.

• 도적이 생기는 데는 세 가지 이유가 있다. 위에서 행실을 바르게 하지 못하고, 중간에서 명령을 받들어 행하지 않으며, 아래에서 법을 두려워하지 않기 때문이다. 그러므로 비록 도적을 없애려고 해도 마음대로 되지 않는 것이다.

• 임금의 어진 뜻을 펴서 그 죄악을 용서해 주어 그들로 하여금 옛 악행을 버리고 스스로 새로워져 각기 본업으로 돌아가게 하는 것이 최선의 방책이다.

• 이렇게 한 후에야 악행을 고치고 자취를 숨기며, 길에서 흘린 것도 줍지 않고 부끄러움을 느껴 고치게 될 것이다. 이 또한 좋은 일이 아니겠는가.

• 간악하고 세력 있는 자들이 서로 모여 악행을 자행하면서 뉘우치지 않으면, 굳센 위력으로 쳐서 백성을 편안하게 하는 것이 그다음 방법일 것이다.

- 현상금을 걸어 죄를 용서하여 줄 것을 허락해서 서로 잡아들이거나 고발하게 하여 잔멸[175]하는 것도 하나의 방법이다.
- 붉은색과 먹물로 그 의복에 표하여 진짜와 가짜를 분별하고 도둑을 색출해 내는 것 또한 자그마한 계책이다.
- 상여를 위장하여 물건을 운반하는 것은 간사한 도둑이 항상 하는 짓이요, 초상을 가장하여 상인들이 슬퍼하는 것을 살피는 것은 도둑을 조사하는 작은 속임수다.
- 지혜를 쓰고 꾀를 내어 깊은 것은 캐어 내고, 숨어 있는 것을 들추어내는 것은 능한 자만이 하는 일이다.
- 이치를 살피고 사물을 분간하면 누구나 그 실상을 속이지 못하는 것이니, 오직 밝은 자만이 할 수 있는 일이다.
- 실수로 평민을 잡아다 고문하여 도둑으로 만드는 예가 있는데, 그 원통함을 살펴서 누명을 벗기고 양민으로 만들어 준다면 어진 목민관이라 할 수 있다.
- 부유한 백성들을 무고로 끌어들여 함부로 혹독한 형벌을 행하는 것은 도적을 위하여 원수를 잡아 주고, 아전과 교졸을 위하여 돈을 벌어주는 것이니, 이는 어리석은 목민관이나 하는 짓이다.
- 귀신이 변고를 일으키는 것은 무당의 짓이니, 그 무당을 베고 신당을 헐어야만 요괴가 의지할 데가 없게 된다.
- 거짓 부처나 귀신에 의탁하여 요사한 말로 백성을 현혹하는 자는

---

175 쇠잔하여 다 없어지거나 그렇게 만드는 것

제거해야 한다.

- 잡물雜物을 빙자하여 사특한 말로 어리석은 사람들을 속이는 자는 제거해야 한다.

- 호랑이와 늑대가 사람을 물어가고, 소나 돼지를 자주 해치면 덫과 함정을 놓아 잡아서 그 우환을 없애야 한다.

나라를 부강하게 만들기 위한 방법들

제1조 산림山林 : 나무를 가꾸자

- 산림은 나라의 공부貢賦[176]가 나는 곳이어서, 산림에 대한 정사를 성왕聖王께서 소중하게 여겼다.
- 봉산封山[177]의 소나무를 기르는 일에 대해서는 엄중한 금령이 있으니 마땅히 조심하여 지켜야 하며, 농간하는 폐단이 있으니 세밀하게 살펴야 한다.
- 개인이 나무를 기르는 산에서 사사로이 벌채를 금하는 것은 봉산

---

176 나라에서 바치던 물건과 세금을 통틀어 이르던 말. 넓게는 조세 일반을 의미하나 좁게는 전세(田稅)와 공물(貢物)을 이른다.
177 나라에서 나무 베기를 금하는 산

과 같다.

- 황장^{黃腸}[178]봉산에서 벌채한 소나무를 끌어내는 부역에 농간하는 폐단이 있으니 자세히 살펴야 한다.

- 장사꾼이 몰래 금지한 산의 송판을 실어내는 것을 금해야 한다. 법을 철저하게 지키고 재물에 있어서는 청렴해야 이를 금할 수 있다.

- 소나무를 심고 재배하는 것이 법조문에 있기는 하다. 그러나 해치지 않으면 되지 어찌 심기까지 하랴.

- 여러 가지 나무를 심는 일 또한 한낱 법조문일 뿐이니, 목민관이 스스로 헤아려 보아 오래도록 재임할 수 있다면 마땅히 법을 준수할 것이나 자신이 빨리 체임될 것을 안다면 쓸데없이 수고하려 들지 말아야 한다.

- 높고 험한 요새지 중에 나무를 기르는 곳에는 엄중한 금령이 있으니 삼가 지켜야 한다.

- 산허리에서 경작을 금지하는 법은 마땅히 고도를 측량하는 표준이 있어야 한다. 함부로 법을 늦출 수도 없고, 또한 융통성 없이 법을 지키기만 할 수도 없다.

- 동남 지방에서 인삼을 공납하는 폐단이 해마다 더하고 달마다 늘고 있다. 그러니 마음을 다해 살펴서 지나치게 많이 거두어들이는 일이 없도록 해야 한다.

- 그 지방에서 산출되는 보물을 이렇다 저렇다 하며 마구잡이로 캐

---
178 나라의 관목을 기르는 산

내고 만다면 백성들에게 병폐가 될 수 있으니 그런 일이 없도록 해야 한다.

- 서북 지방의 인삼과 초피에 대한 세금은 마땅히 너그럽게 해서 혹법을 어기더라도 너그럽게 처리해야 한다.

- 금, 은, 구리, 철에 대해서는 다음과 같이 조치해야 한다. 예전부터 있어 온 광산에 대해서는 간악한 짓을 살펴야 하고, 새로 광산을 채굴하려는 자에 대해서는 제련하는 설비를 금지해야 한다.

제2조 천택川澤 : 수리 시설을 돌보아야

- 천택川澤[179]은 농사 이익의 근본이므로 옛날의 훌륭한 임금은 천택에 대한 정사를 소중하게 여겼다.

- 시냇물이 고을을 지나가면 도랑을 파서 그 물을 끌어다가 전답에 대고, 백성과 더불어 공전을 경작하여 백성의 부담을 보충하는 것이 선정善政이다.

- 작은 것은 지소池沼라 하고 큰 것은 호택湖澤이라 하며, 그 막는 것을 방축 또는 제방이라 한다. 이러한 것들은 물을 조절하는 것이다. 이것이 《주역》에 나오는 '못 위에 물이 있는 것이 절'이라는 것이다.

- 우리나라에는 호수라고 하는 것이 겨우 7~8개소가 있을 뿐이고, 나머지는 모두 좁고 작은 것이다. 그리고 그나마 잡초가 우거져 있는데도 수리하지 않았다.

---

179 시내와 연못

- 토호와 귀족이 수리 시설을 멋대로 하여 자기의 전답에만 물대기를 독점하는 것은 엄하게 금해야 한다.
- 바닷가에 조수를 막는 둑을 쌓고 안에 기름진 전답을 만들기도 하는데, 이것을 해언海堰[180]이라고 한다.
- 강과 하천의 유역이 해마다 홍수의 피해로 백성들의 커다란 근심거리가 되고 있다. 제방을 만들어서 백성들이 편히 살도록 해야 한다.
- 뱃길이 통하는 곳과 상인이 모여드는 곳에 범람하는 물을 소통하게 하고 제방을 견고하게 하는 것 역시 잘하는 일이다.
- 못에서 생산되는 물고기, 자라, 부들 등속은 엄중하게 지켜서 그 수입으로 백성들의 용역에 보충해야지 수령이 스스로 취득하여 사복을 채워서는 안 된다.

제3조 선해繕廨 **: 청사를 수리함**

- 청사가 기울거나 무너져서 비가 새고 바람이 들이쳐도 보수하지 않고 허물어지도록 내버려 두는 것은 목민관의 큰 잘못❥이다.
- 법에는 함부로 공사를 일으키는 것을 금하는 조문이 있고, 나라에는 사사로이 건축하는 것을 금지하는 규정이 있으나 선배들은 여기에 구애되지 않고 수선 공사를 했다.
- 아전, 군교, 노예 등속은 마땅히 부역에 나가게 해야 하고, 중들을 불러 모아 공사를 돕게 하는 것도 한 가지 방법이다.

---

180 조수가 들어오는 것을 막기 위하여 바닷가를 따라 쌓은 둑

- 목재를 모으고 공인을 모집하는 데는 모두 잘 계획하여야 한다. 이를 위해서는 폐단이 생길 구멍을 먼저 막지 않을 수 없으며, 노력과 비용의 절감을 생각하지 않을 수 없다.
- 청사를 수리하고 나면 꽃과 나무를 심는 것 역시 맑은 선비의 자취라고 할 수 있다.

제4조 수성修城 : 성곽을 수리함

- 성을 수리하고 호壕를 파서 국방을 튼튼히 하고 백성들을 보호하는 일 역시 목민관의 직분이다.
- 전쟁이 일어나 적이 몰려오고 급박할 때에 성을 쌓을 경우가 생긴다면, 그 지세를 살피고 백성들의 뜻에 따라야 한다.
- 성을 쌓되 제때가 아니면 쌓지 않는 것만 못하니, 성은 반드시 농한기에 쌓는 것이 옛날의 법이다.
- 옛날의 이른바 축성을 쌓았다는 것은 토성土城을 말한 것이다. 난리를 당하여 적을 방어하는 데는 토성만한 것이 없기 때문이다.
- 평시에 성곽을 수축하여 길 가는 나그네로 하여금 관람하도록 하려면 마땅히 옛것에 따라서 돌로 보수하는 것이 좋다.

제5조 도로道路 : 길을 보수함

- 도로를 보수하여 나그네로 하여금 그 길로 다니기를 원하게 만드는 것 또한 훌륭한 목민관의 정사다.

- 교량이란 사람을 건너게 하는 시설이다. 날씨가 추워지면 서둘러 놓아야 한다.
- 나루터에 배가 없는 곳이 없으며, 정자에 후[181]가 없는 곳이 없으면 행상인들과 나그네가 즐거워하는 바다.
- 여관에서 짐을 실어 나르게 하지 않고, 객점에서 가마를 메지 않게 하면 백성들은 어깨를 쉴 수 있을 것이며, 객점에서 간악한 자를 숨기지 않고 참원[182]에서 음탕한 짓을 함부로 하지 않는다면 백성들의 마음이 밝아질 것이다.
- 길에 황토를 펴지 않고, 길가에 횃불을 세우지 않으면, 예를 안다고 할 수 있다.

제6조 장작愼作 : 공업 육성은 건전하게

- 공작工作[183]을 번거롭게 일으키고, 기교 있는 장인을 다 모아들이는 것은 탐욕을 드러내는 것이다. 비록 갖가지 공구가 구비되었더라도 물건을 제조하지 않는 것이 청렴한 선비의 관청이다.
- 설사 기물을 제조하는 일이 있더라도 탐욕스럽고 비루한 마음이 그릇에까지 미치게 하지는 말아야 한다.
- 모든 기물과 용품을 제조하는 데는 마땅히 증명서가 있어야 한다.
- 농기구를 만들어서 백성의 경작을 권장하고, 베 짜는 기구를 만들

---

181 평지보다 높직하게 두드러진 평평한 땅
182 관원들의 여관
183 물건을 만드는 일

어서 부녀들의 길쌈을 권장하는 것이 목민관의 직책이다.

• 전거田車를 만들어서 농사를 권장하고 병선兵船을 만들어서 전쟁에 대비하는 것도 목민관의 직책이다.

• 벽돌 굽는 법을 강구하고, 이로 인하여 기와를 구워서 읍내를 모두 기와집이 되게 하는 것 또한 선정善政이다.

• 되와 저울이 집집마다 다른 것은 어쩔 수 없지만, 모든 창고와 시장의 것은 일정하게 해야 한다.

어려운 백성들을 구하는 방법들

제1조 비자備資 : 물자를 비축함

- 황정荒政[184]은 선왕들이 마음을 다하던 바이니, 목민의 재능은 여기에서 볼 수 있다. 황정을 잘 해야만 목민의 일을 모두 훌륭하게 수행했다고 할 수 있다.

- 흉년이 들어서야 구제에 나서는 정사는 미리 준비하는 것만 같지 못하니, 미리 준비하지 않으면 모두 구차할 뿐이다.

- 곡부穀簿[185] 가운데는 진곡賑穀[186]이 따로 있다. 그러므로 자기 고을

---

184 흉년에 백성을 구제하는 정사
185 곡식의 장부
186 백성을 구제하는 곡식

에서 저축한 것이 있는지 없는지, 그리고 허실이 있는지 자주 조사해야 한다.

- 농사가 이미 흉작으로 판정되면, 급히 감영에 나아가서 곡식 옮겨 올 일과 조세 감할 일을 의논하여야 한다.

- 먼 곳으로 곡식을 옮기기보다는 그 고장에 유치하는 것이 낫다. 양쪽이 다 편리하게 되는 정사를 강구해서 상부에 청해야 한다.

- 진자에 보조하는 여러 물건을 궁중에서 하사하는 일이 있었으니, 그걸 계승하는 정사가 마침내 관례가 되었다.

- 임금의 은혜가 고르더라도 선량한 목민관이라야 받들어 행할 수가 있다.

- 어사가 내려와서 진휼[187]하는 일을 보살피고 감독하면, 급히 가서 뵙고 진휼에 관한 일을 의논해야 한다.

- 이웃 고을에 곡식이 있으면 곧 사들여야 할 것이다. 조정의 명령이 있더라도 곡식 매매를 막지 못할 것이다.

- 강이나 바다의 어귀에서 저점[188]을 살펴서 그 횡포를 금하고 장삿배가 모여들게 해야 한다.

- 임금의 명령을 기다리지 않고 형편에 따라 창고를 열어 곡식을 방출하는 것이 옛날 뜻이다. 하지만 이는 사신이 행할 일인데 오늘날 현령이 어찌 감히 할 수 있으랴.

---

187 불쌍하고 가련하게 여김
188 점포와 여관

제2조 권분勸分 : 구제하기를 권장하고

- 권분勸分[189]법은 멀리 주나라 때부터 시작되었으나, 세도가 떨어지고 정치가 쇠퇴해져서 이름과 실제가 같지 않아졌다. 오늘날의 권분은 옛날의 권분하는 법이 아니다.

- 중국의 권분법은 모두 조미[190]를 권했으며, 모두 베풀어 주기를 권했고 바치는 것을 권하지 않았다. 또한 모두 자신이 먼저 했고 입으로만 하지 않았으며, 모두 상을 주어 권했고 위협하지 않았다. 그런데 오늘날의 권분은 예가 아님이 극심하다.

- 우리나라의 권분법은 백성들로 하여금 곡식을 바치게 하여 만민에게 나누어 주고 있다. 이는 옛 법이 아니지만 관례가 이미 이루어졌다.

- 찰방察訪[191]과 별좌別坐[192]는 벼슬로 갚아 준다. 이것은 예전 사례가 있고 나라 역사에도 실려 있다.

- 넉넉한 집을 가리어 3등급으로 나누고, 이 3등급을 또 각각 자세하게 쪼개어야 한다.

- 향리의 인망이 있는 사람을 뽑고 날을 정하여 친절히 불러다가 공론을 채택해서 넉넉한 집을 정한다.

- 권분이란 스스로 나누어 주기를 권하는 것이니, 스스로 나누어 주기를 권함으로써 관의 부담을 덜어 주는 일이 많다.

---

189 흉년에 부자들에게 곡식을 추렴하여 가난한 자를 구제하게 하는 일
190 값을 헐하게 정하여 그들로 하여금 백성에게 팔도록 하는 것
191 각 역을 맡은 관원
192 육품의 벼슬 이름

- 권분의 영이 나오면 부잣집은 물고기처럼 놀라고 가난한 선비는 파리처럼 덤벼들 것이다. 그러므로 기밀을 삼가지 않으면 크게 욕심을 내어 제 몸만 위하는 자가 있게 된다.
- 굶주린 사람의 입에 든 재물을 도둑질하면 소문이 변방까지 들리고 재앙이 자손에게까지 끼치게 된다. 그러니 그런 생각은 절대로 마음속에서 싹트게 해서는 안 된다.
- 남쪽 지방의 여러 사찰에 혹시 부자 승려가 있으면 권하여 그 곡식으로 산 주위에 있는 백성을 구제하고, 세속에 인연이 있는 친족들에게 은혜를 베풀게 하는 것도 마땅히 해야 할 일이다.

제3조 규모規模 : 구제는 사랑의 마음으로

- 흉년에 구제하는 것에는 두 가지 관점이 있다. 첫째는 시기에 맞추는 것이고, 둘째는 규모가 있는 것이다. 불에 타는 것을 구제하고 물에 빠진 사람을 건지는 데 어찌 시기를 소홀히 할 수 있으며, 대중을 부리고 물자를 고르게 하는 데 어찌 규모가 없을 수 있겠는가?
- 구제곡을 주는 법은 국법에 없긴 하지만, 현령이 개인적으로 사들인 쌀이 있으면 시행하는 것이 좋다.
- 진장賑場[193]을 설치함에 있어서 작은 고을이라면 한두 곳에 그치고, 큰 고을에는 십여 곳을 만드는 것이 예전의 법이었다.
- 어진 사람이 진휼하는 일이란 불쌍히 여기는 것뿐이다. 다른 곳에

---

193 굶주린 사람을 구제하는 장소

서 들어오는 자는 받아들이고, 내 고을에서 다른 고을로 가는 자는 만류하여 내 고장의 구별이 없어야 한다.

- 오늘날의 유민들은 돌아갈 곳이 없는 자들이 대부분이다. 그러므로 간절히 권유해서 그들로 하여금 경솔하게 움직이지 못하도록 해야 할 것이다.

- 굶주린 가구를 뽑아 3등급으로 나누고, 그 상등은 또 3급으로 나누며, 중등과 하등은 각각 1급씩을 만든다.

제4조 설시設施 : 구호시설을 확충하고

- 진휼청賑恤廳[194]을 설치하고 감독·관리를 두며, 가마솥을 갖추고 소금과 간장, 미역, 마른 새우를 마련한다.

- 알곡을 키질해서 실제 숫자를 알고 굶주린 인구를 세어서 실제 수효를 정해야 한다.

- 진패賑牌[195], 진인賑印, 진기賑旗 , 진두賑斗[196], 혼패[197], 진력賑曆[198] 등을 만든다.

- 소한 10일 전에 구제하는 조례와 진력 1부를 써서 여러 마을에 나누어 준다.

- 소한에 목민관은 일찍 일어나서 전패殿牌[199]에 나아가 예를 행하고,

---

194 진휼을 맡아보는 관청
195 진휼을 받을 수 있는 패
196 구제곡을 나누어 주는 말
197 관청문을 출입할 수 있는 표시
198 구제사업에 쓰는 달력
199 각 고을 관아에 궁궐을 상징하는 패를 모신 곳

이어서 진장에 나아가서 죽을 먹이고 구제미를 나누어 준다.

- 입춘에 진력을 고치고 진패를 정리하여 크게 그 규모를 넓힌다. 경칩에 대여곡을 나누어 주고, 춘분에는 조미를 나누어 주며, 청명에는 대여곡을 나누어준다.
- 떠돌며 걸식하는 거지는 천하의 궁한 백성으로서 호소할 데가 없는 자다. 어진 목민관은 이들에게도 마음을 다해야지 소홀히 해서는 안 된다.
- 사망자의 명부는 평민과 굶주린 백성을 구분해 각각 1부씩 만든다.
- 기근이 든 해에는 반드시 전염병이 있는 법이다. 그러므로 구제하고 치료하는 방법과 시체를 거두어 묻는 정사에 더욱 마음을 써야 한다.
- 버린 갓난아이는 길러서 자녀로 삼고, 떠돌아다니는 어린이는 길러서 노비로 삼되, 모두 국법을 거듭 밝혀서 잘사는 집에 깨우쳐 보내 주어야 한다.

제5조 보력補力 : 힘을 보탬

- 농사가 흉작으로 판가름 나면 마땅히 논을 갈아엎어 밭으로 만들도록 당부해서 일찍 다른 곡식을 뿌리도록 하고, 가을이 되면 보리를 갈도록 거듭 권한다.
- 봄철에 해가 길어지면 공사를 일으켜야 한다. 허물어진 관사도 고쳐야 한다면 이때에 수리해야 한다.

- 구황救荒[200]하는 식물로서 백성들이 식량에 보탬이 될 만한 것은 좋은 것을 골라 향교의 여러 선비들로 하여금 두어 가지 종류를 가리게 하여 각각 전하여 알리게 해야 한다.
- 흉년이 들었을 때 도둑을 없애는 정사는 힘써야 하지만, 실정을 알고 나면 불쌍해서 죽일 수가 없다.
- 굶주린 백성이 불을 지르는 것도 마땅히 금해야 한다.
- 곡식을 소모하는 것으로는 술과 단술보다 더한 것이 없다. 그러므로 술을 금하는 법을 그만 둘 수는 없는 일이다.
- 세금을 가볍게 하고 공채를 탕감해 주는 것은 선왕先王의 법이다. 겨울에 양식을 거두고 봄에 조세 거두는 것과 민고의 잡역과 저리의 사채도 모두 너그럽게 완화해 주도록 하고 재촉해서는 안 된다.

제6조 준사竣事 : 구호를 마침

- 구제하는 일이 끝나 가면 처음과 끝을 점검해서, 자신이 범한 잘못을 하나하나 살펴야 한다.
- 스스로 비축한 곡식을 상사에 보고해야 하니, 스스로 설정을 조사해서 거짓으로 기록하지 말아야 한다.
- 잘하고 잘못한 것 그리고 공로와 죄과에 대해서는 법령을 자세히 보면 저절로 알게 된다.
- 망종[201]에 이미 진장을 파했으면 곧 잔치를 베풀어야 하는데, 기악

---

200 흉년 따위로 기근이 심할 때 빈민들을 굶주림에서 벗어나도록 주는 도움
201 24절기의 하나로 6월 5일경, 보리는 익어 먹게 되고 벼의 모는 자라서 심을 때

은 쓰지 않는다. 이날 논공행상論功行賞을 하고 이튿날에는 장부를 정리하여 상사에 보고한다.

- 큰 흉년이 든 뒤에는 백성들의 기진맥진함이 마치 큰 병을 치른 뒤에 원기가 회복되지 않는 것과 같다. 이러한 까닭에 어루만지고 안정시키는 것을 소홀히 해서는 안 된다.

관직에서 퇴임할 때 지켜야 할 사항들

제1조 체대遞代 : 바뀌는 벼슬살이

• 관직은 반드시 체임되게 마련이니, 바뀌어도 놀라지 말고 잃어도
미련을 갖지 않으면 백성들이 공경하게 된다.

• 벼슬을 헌신짝처럼 버리는 것이 옛사람의 의리이니, 교체되었다
해서 슬퍼하면 부끄러운 일이 아닌가!

• 평소에 장부를 정리해 두어서 이튿날이라도 곧 떠나는 것은 맑은
선비의 기풍이요, 문부를 청렴하고 밝게 마감하여 뒷근심이 없게
하는 것은 지혜 있는 선비의 행동이다.

• 부로父老들이 교외에서 연회를 베풀어 전송하고 어린아이가 어머

니를 잃은 것 같은 정으로 인사하는 것은 인간 세상의 지극한 영광이다.

- 돌아오는 길에 사나운 백성들을 만나 꾸짖음과 욕을 당하여 나쁜 소문이 멀리 전파되는 것은 인간 세상의 지극한 욕이라고 할 수 있다.

제2조 귀장歸裝 : 돌아가는 옷차림은 가뿐하게

- 맑은 선비가 돌아가는 행장은 가뿐하고 시원스러워 낡은 수레와 여윈 말이라도 맑은 바람이 사람을 감싼다.
- 상자와 채롱[202]이 새로 만든 그릇이 없고, 구슬과 비단에 토산품이 없으면 맑은 선비의 행장이다.
- 물건을 못에 던지고 불에 집어넣어 물건을 천하게 하고 아끼지 않으면서 청렴하고 깨끗하다는 이름을 내걸려는 것은 천리天理에 맞지 않는다.
- 집에 돌아와서 물건이 없어 검소하기가 전과 같은 것이 으뜸이고, 방법을 강구하여 일가들을 도와주는 것이 그다음이다.

제3조 원류願留 : 더 머무르기를 원함

- 떠나는 것을 애석하게 여김이 간절하여 길을 막고 유임하기를 원하는 것은 그 빛을 역사책에 남겨 후세에 전하게 하는 것이니, 이것은 말과 형식으로만 되는 것이 아니다.

---

202 껍질을 벗긴 싸릿개비나 버들가지 따위의 오리를 서로 어긋나게 엮어 짜서 함(函) 모양으로 만든 채 그릇. 안팎에 종이를 바르기도 한다.

- 대궐로 달려가 유임하기를 빌었을 때 나라에서 그대로 허락하여 주어서 백성들의 뜻에 따르는 것은 예전에 착한 것을 권하는 큰 방법이었다.
- 명성이 드높아져서 이웃 고을에서 와주기를 청하거나, 두 고을에서 서로 와 주기를 다투면 이는 어진 수령의 좋은 평가다.
- 오래 재임하여 서로 편안하게 되었거나 이미 늙었는데도 애써 유임케 해서 오직 백성의 뜻에 따르고 법에 구애되지 않는 것은 태평 세대의 일이다.
- 백성이 사랑하고 사모하기 때문에, 혹은 그 치적의 명성으로 다시 그 고을에 부임하게 되는 것 역시 역사책에 빛나게 되는 일이다.
- 어버이의 상을 당해서 돌아간 자를 백성들이 놓지 않으려 하면 다시 임명하기도 하고, 상사를 마친 뒤에 다시 제수하기도 한다.
- 몰래 아전과 함께 모의하여 간사한 백성을 꾀어 움직여서 대궐에 나아가서 유임하기를 빌게 하는 것은, 임금을 속이고 윗사람을 속이는 것이니 그 죄가 매우 크다.

제4조 걸유乞宥 : 용서를 빌다

- 법에 저촉된 자를 백성들이 불쌍히 여겨 서로 이끌고 임금에게 호소하여 죄를 용서해 주기 바라는 것은 옛날의 좋은 풍속이다.

제5조 은졸隱卒 : 세상을 떠나는 것에 대하여

- 관직에 있다가 죽어 맑은 덕행이 더욱 빛나, 아전과 백성이 슬퍼하여 상여를 붙잡고 부르짖으며 울고, 오래되어도 잊지 못하는 것은 어진 목민관이 보여 주는 유종의 미다.

- 오래 병으로 누워 위독해지면 곧 거처를 옮겨야 한다. 정당政堂[203]에서 운명하여 다른 사람들이 싫어하게 해서는 안 된다.

- 상사喪事에 소용되는 쌀은 이미 나라에서 주는 것이 있으니, 백성이 부의하는 돈을 어찌 두 번이나 받을 수 있겠는가! 유언으로 못하도록 명령하는 것이 옳다.

- 고을을 잘 다스렸다는 명성이 널리 퍼져 항상 특이한 소문이 들리면 사람들이 칭송하게 된다.

제6조 유애遺愛 : 사랑을 남김

- 죽은 뒤에 생각하여 사당을 세워 제사를 지내주면, 그 유애가 남아 있음을 알 수 있는 것이다.

- 살아서 제사 지내는 일은 예가 아니다. 그러나 어리석은 백성들이 이를 행하여 풍속이 되었다.

- 돌에 새겨 덕을 칭송하여 영원토록 보도록 하는 것이 이른바 선정비善政碑다. 진심으로 반성하여 부끄럽지 않기가 매우 어려울 것이다.

---

203 지방의 관아

- 목비木碑를 세워 덕정德政을 칭송하는 것은 찬양하는 것도 있고 아첨하는 것도 있다. 그러므로 세우는 대로 곧바로 없애고 엄금하여 치욕에 이르지 않도록 해야 한다.
- 이미 떠나간 뒤에도 사모하여 그가 노닐던 곳의 나무까지도 사람들이 아끼게 되는 것은 감당甘棠[204]의 유풍이다.
- 그리운 마음을 잊지 못하여 수령의 성을 따서 그 아들의 이름을 짓는 것은 이른바 민정民情을 크게 볼 수 있다는 말이다.
- 떠난 지 오랜 후에 다시 그 고을을 지날 때, 백성들이 반갑게 맞아서 마실 것과 도시락밥이 앞에 가득하면 말몰이꾼도 빛이 난다.
- 많은 사람들의 칭송이 오래도록 그치지 않으면 그가 행한 정사政事를 알 수 있다.
- 있을 때에는 빛나는 명예가 없었으나, 떠난 뒤에 사모하는 것은 공을 자랑하지 않고 남모르게 착한 일을 했기 때문이 아니겠는가?
- 훼방과 칭찬의 참됨과 선과 악의 판단은 반드시 군자의 말을 기다려서 공정한 안을 받아들여야 할 것이다.

---

204 팥배나무를 말한다. 옛 주나라의 소공이 남쪽 지방으로 가서 이 나무 밑에서 송사를 처리했는데, 백성들이 그를 생각하여 떠난 뒤에도 잘 보전했다고 한다.

1762년 영조38, 1세

6월 16일 경기도 광주군 초부면 마현리에서 4남 1녀 중 4남으로 출생. 본관은 압해押海, 관명冠名은 약용若鏞, 자는 미용美庸 · 송보頌甫, 호는 사암俟菴 · 다산茶山.

1765년 영조41, 4세

천자문을 배우기 시작함.

1767년 영조43, 6세

부친인 정재원이 연천현감으로 부임하자 그곳에 따라가 부친의 교육을 받음.

1770년 영조46, 9세

어머니 해남 윤씨 사망함. 어머니는 고산 윤선도의 후손임.

1771년 영조47, 10세

경서經書와 사서史書를 배움. 이때 경서와 사서를 본떠 지은 글이 자신의 키만 큼이나 되었음.

1776년 영조52, 15세

홍화보洪和輔의 딸과 결혼함.

1783년 정조7, 22세

순조의 세자책봉을 경축하기 위한 증광감시增廣監試에서 둘째형 약전과 함께 초시初試에 합격하고, 4월에는 회시會試에서 생원으로 합격함. 큰아들 학연學 淵이 태어남.

1786년 정조10, 25세

별시別試의 초시에 합격함. 둘째 아들 학유學遊가 태어남.

1789년 정조13, 28세

가주서假注書에 제수됨. 셋째 아들 구장懼牂이 태어남.

1790년 정조14, 29세

한림소시翰林召試에서 뽑혀 예문관 검열檢閱에 단독으로 제수됨.

1791년 정조15, 30세

사간원 정언 그리고 사헌부 지평에 제수됨.

1792년 정조16 , 31세

홍문관 수찬修撰에 제수됨.

1795년 정조19, 34세

사간원 사간司諫, 병조 참의, 우부승지 등에 제수됨. 주문모 사건에 연루되어 외직으로 물러남.

1797년 정조21, 36세

《춘추경전春秋經傳》,《두시杜詩》,《춘추좌씨전》 등을 교정하고, 홍역을 치료하는 여러 처방을 기록한《마과회통麻科會通》을 완성함.

1799년 정조23, 38세

내직으로 옮겨져 병조 참지에 제수됨. 동부승지를 제수를 받고 부호군으로 옮겨감. 넷째 아들 농장農牂이 태어남.

1801년 순조1, 40세

2월에 경상도 장기로 유배됨. 황사영의 백서사건으로 11월에 전라도 강진康津으로 유배됨.

1802년 순조2, 41세

넷째 아들 농장이 요절함.

1807년 순조7, 46세

5월에 장손長孫 대림大林이 태어남.《상례사전喪禮四箋》50권을 완성함.

1808년 순조8, 47세

강진현 남쪽에 있는 만덕사萬德寺 서쪽에 있는 다산茶山으로 거처를 옮김.

1811년 순조11, 50세

《아방강역고我邦疆域考》를 저술함.

1818년 순조18, 57세

《목민심서》를 완성함. 귀향에서 풀려 다산을 떠나 본집으로 돌아옴.

1819년 순조19 , 58세

《흠흠신서欽欽新書》저술함.

1836년 헌종2, 75세

2월 22일 생을 마침.

누구나 한번쯤
읽어야 할 목민심서

개정1판 1쇄 인쇄 2023년 12월 26일
개정1판 1쇄 발행 2024년 01월 02일

엮은이 | 미리내공방
펴낸이 | 최윤하
펴낸곳 | 정민미디어
주 소 | (151-834) 서울시 관악구 행운동 1666-45, F
전 화 | 02-888-0991
팩 스 | 02-871-0995
이메일 | pceo@daum.net
홈페이지 | www.hyuneum.com
편집 | 미토스
표지디자인 | 강희연
본문디자인 | 디자인 [연;우-]

ⓒ 정민미디어

ISBN 979-11-91669-58-9 (03190)

※ 잘못 만들어진 책은 구입처에서 교환 가능합니다.